주체적으로 산다

왕양명의 《전습록》 읽기

주체적으로 산다

왕양명의 《전습록》 읽기

임홍태 지음

文憲齋
문헌재

주체적으로 산다는 것

자기 인생을 주체적으로 살아간다는 것은 쉽지 않은 노릇입니다. 하루가 다르게 급변하는 오늘날, 시대의 흐름은 너무도 세차고 거세고 재빨라서 자칫하면 그 급박한 물결에 휩쓸려 저 멀리 떠내려 갈 것만 같습니다. 매 시각 인터넷과 대중매체에서 쏟아지는 엄청난 정보는 우리에게 끝없이 뭔가를 갈구하라고 종용하며, 한시도 고요하게 내버려두지 않습니다. 그렇게 정신없이 지내다 보면 방향 감각을 잃기 십상입니다. 우리는 왜 이 세상을 살아가야 할까요? 우리가 이 땅에 태어난 의미는 무엇일까요? 어쩌면 우리는 마지막 숨을 내쉴 때까지 그 이유조차 모른 채 허덕대며 살아갈지 모릅니다.

　매일 해내야 하는 일상의 업무에서 오는 스트레스도 우리를 괴롭힙니다. 어떤 사람은 일터에서 느끼는 중압감을 이기지 못해 답답함을 호소하고, 또 어떤 사람은 현실에 지나치게 절망한 나머지 극단적으로 행동하기도 합니다.

이런 현실과 관련해 왕양명이 한 말을 한번 생각해보면 어떨까 싶습니다. 양명이 어느 날 제자에게 말했습니다. "너는 눈은 귀하게 여기면서 마음은 천하게 여기는구나."(《전습록》 123조목) 누군가 몸에 병이 났다면 당연히 약을 먹든가 병원에 입원해 치료를 받아야 합니다. 양명도 아픔을 호소하는 제자에게 치료를 하지 말라고 강요하는 게 아닙니다. 다만 몸에 조그마한 이상이라도 생기면 금방 죽을 것처럼 호들갑을 떨며 안절부절못하는데, 그보다 훨씬 더 귀중한 마음에 병이 생겨도 치료할 생각은커녕 의식조차 하지 않음을 탓할 뿐입니다. 즉 왕양명의 말은 우리에게 가장 가치 있는 것이 무엇이고 가장 소중히 여겨야 할 것이 무엇인지 깨달으라는 충고와 같습니다.

대부분의 사람은 의식적으로든 무의식적으로든 종종 이와 같은 잘못을 저지릅니다. 흔히 덜 중요하다 싶은 일에는 목숨을 걸고 달려들면서 도리어 가치 있는 건 방치하는 것이죠. 오늘날 많은 사람이 예전에 경험하지 못한 극심한 경쟁에 내몰려 엄청난 스트레스를 느끼는 것은 사실입니다. 스트레스로 인한 부작용은 나를 탓하고, 남을 탓하고, 더 나아가 이 세상을 탓하는 암울한 현실을 만드는 데 일조합니다.

그러나 과연 이 세상에서 자신이 원하는 대로 살아가는 사람이 몇이나 될까요. 살다 보면 원래 의도한 바와는 전혀 다른 엉뚱한 방향으로 삶이 흘러갈 때도 종종 있습니다. 원하는 대로 일이 이루어지는 경우는 열에 한두 번, 아니 백에 한두 번 있을까 말까 하죠. 현실에서 자신이 생각하는 대로 모든 일이 이루어지기를 바라는 건 지나친 욕심입니다. 그러므로 일이 뜻대로 되지 않는다고 불평할 게 아니라 그 또한 우리 인생의 과정이라 생각하고 순순히 받아들이는 편이 나을지도 모르겠습니다.

우리가 이 세상을 살아가고 있다는 사실보다 더 중요한 게 있을까요? 인생은 짧고 유한합니다. 쓸데없고 하찮은 일에 소중한 시간과 생명을 낭비할 바에야, 이 짧은 여정에서 진정으로 중요하고 가치 있는 일이 무엇인지 진지하게 고민하고 거기에 힘을 쏟는 게 현명하지 않을까요.

우리가 지금 왕양명의 《전습록》을 읽는 이유는 바로 이런 시도의 하나입니다. 왕양명이 남긴 말을 통해 무엇이 정말로 우리가 고민할 문제인지 생각해보자는 것입니다. 각박하고 힘든 세상에서 습관적으로 나와 남을 탓하고 미래를 비관하기보다는 우리가 할 수 있는 것을 주체적으로 깨우치고 배워서 우리 안에 숨어 있는 진짜 자신의 모습인 본래면목本來面目을 되찾자는 것입니다.

왕양명과 《전습록》에 관해

양명학이란 무엇인가

왕양명이 제창한 양명학은 주자학과 함께 신유학의 양대 사조로서, 양명의 사상은 물론, 그의 문인이 왕양명 사후에 그의 사상을 계승하고 발전시킨 모든 학문을 이르는 말입니다. 양명의 학문은 주자학 비판에서 비롯되었습니다. 주자학은 원대에 이르러 과거 시험의 이념이 되면서 관학官學화되었죠. 체계는 방대했지만 통일성을 상실해 폐단에 빠졌고, 정연한 이론은 자질구레한 형식주의에 고착되어버렸습니다. 이러한 때에 왕양명은 생명력을 잃어버린 주자학을 비판하고 좀 더 쉬운 학문 방법을 제시했으며, 그럼으로써 양명학이 새로운 대안으로 등장한 것입니다.

《전습록》의 전傳이란 선생께서 가르쳐준 것이고, 습習은 그 가르침을 받아 내 몸에 익숙하게 하는 행위, 즉 복습을 뜻합니다. 책에 담긴 내용은 왕양명의 제자들이 평소 선생의 말씀과 학문을 논한 편지글을 모아 기록했습니다. 그래서 주로 제자들의 물음에 왕양명이 답변하는 형식으로 구성되어 있는데, 왕양명의 사상을 가장 뚜렷하게 전할 뿐 아니라 생생한 삶의 모습까지 담겨 있다는 평가를 받습니다. 따라서 《전습록》을 읽으면 양명 사상의 전체 규모와 핵심 내용을 살필 수 있을 뿐만 아니라, 기존 공동체 질서가 해체되어가는 혼란한 시대를 몸으로 부딪치며 살아간 왕양명이라는 한 인간을 만날 수 있습니다. 왕양명의 사상은 그의 삶과 따로 떨어져 있지 않기 때문이죠. 《전습록》은 상·중·하 3권으로 구성되어 있습니다. 상권에는 주로 양명 40세 전후의 어록이 많고, 중·하권은 50세 이후 만년의 내용이 중심을 이룹니다.

양명학은 왕양명이라는 한 개인이 살아오면서 겪은 경험 속에서 자각하고 실천을 통해 확인한 체험적 진리로 짜여 있습니다. 따라서 양명학을 더 잘 이해하기 위해서는 왕양명의 가르침에 기초가 되는 삶의 체험에 주목할 뿐만 아니라, 그 가르침이 읽는 이의 마음속에서 다시 재연되고 자각되는 과정이 필요합니다. 왕양명의 언어는 그 자신의 경험으로부터 나왔기 때문에 설명 또한 비교적 친절한 편입니다. 하지만 왕양명의 가르침과 그의 수많은 고심처를 체득하려면 《전습록》을 읽는 여러분의 직접 체험이 먼저여야 합니다. 그러지 않고 단순히 양명이 제시한 명제에 담긴 의미만 분석한다면 그의 가르침은 생명을 잃고 맙니다. 이 점은 양명이 이미 당시의 제자들에게 끊임없이 경계한 대목입니다. 오늘날 《전습록》을 읽는 우리도 예외는 아닙니다.

주자학에서 양명학으로

양명학을 창시한 왕양명은 명대 중엽의 학자이자 관료로서 이름은 수인守仁입니다. 호가 바로 양명陽明이죠. 성화 8년(1472) 9월 10일에 절강성에서 태어나 가정 7년(1528) 타향에서 57세의 나이로 객사했습니다.

왕양명이 태어난 시기는 명나라 조정이 일어난 때부터 약 100년이 지난 때였습니다. 밖으로는 주변 이민족의 침입이 잦았고, 안으로는 곳곳에 도적이 봉기했으며, 조정에서는 환관에 의한 부패 정치가 횡행했죠. 학문적 상황도 좋지 않아 남송 이후 원, 명을 통해 관학으로서 지배적 지위를 차지한 주자학이 침체하여 생명력이 고갈되는 지경에 이르렀습니다.

특히 과거시험이 명나라 초기에 편찬된 《사서대전》과 《오경대전》의 범위 안에서 출제되었기 때문에 학문과 사상이 일정한 틀 안으로 고정되었습니다. 학자들은 공허한 지식을 가지고 겉으로 멋지게 꾸미려고만 하고, 주자학의 근본이 되는 자기 수양은 돌아보지 않았죠. 이런 분위기가 팽배하던 시기에 왕양명이 태어난 것입니다.

《연보》에 따르면, 양명은 소년 시절부터 남의 것이 아닌 자기 눈으로 사물을 바라보는 비판적 성격을 드러냈습니다. 나이 열둘에 스승이 "우리가 책을 읽는 으뜸가는 이유는 과거에 급제하는 것"이라고 하자, 양명은 "책을 읽어 성인이 되는 일이 가장 중요하지 않습니까" 하고 대답했다고 합니다.

양명은 문학적 천재였지만 관직에는 쉽게 입문하지 못했습니다. 1492년, 21세에 향시에 합격했지만 수도에서 치르는 회시에서는 1493년과 1496년 연거푸 탈락했습니다. 그러다 1499년 세 번째 시도 끝에 회시에 급제해 관계로 나아가는 길을 확보했죠.

당시 명 왕조는 유학을 관학으로 수용하고, 특히 주자학에 근거한 사상적 통일과 왕권의 절대화를 도모했습니다. 그 결과 유학은 출세를 위한 도구로 전락해 비판정신은 이미 사라졌습니다. 학자들은 "유가의 도는 주자에 의해 모두 밝혀졌으며 단지 실천만이 남아 있을 뿐이다"라고 입을 모았습니다. 이런 주자학의 침체를 타파하며 등장한 것이 양명학입니다.

용장에서 깨닫다

양명이 주자학을 공부하면서 직면하는 문제는 주자의 격물치지格物致知에 대한 해석에서 나타났습니다. 주자에 따르면, 나무 한 그루와 풀 한 포기에도 각각의 이치가 깃들어 있습니다. 주자가 말하는 격물치지는 천하 모든 사물의 이치를 알아가는 과정을 통해 나의 지식을 확충한다는 것입니다. 양명은 사물의 이치를 끝까지 캐물어야 한다는 주자의 방법에 따라 정원에 있는 대나무를 바라보며 격물 공부를 거듭했습니다. 하지만 이상하게도 이치를 궁구할수록 이치와 마음이 점점 더 멀어져감을 느낍니다. 대나무의 이치를 궁구하는 작업은 이레나 계속되었죠. 하지만 아무리 해도 성과를 거두지 못하고 마침내 병이 나서 그만두게 되었습니다. 회의에 빠진 왕양명은 잠시 유학을 떠나 어구나 문장을 암기하는 데 집중하고, 도가 사상과 불교에 관심을 보이기도 했습니다.

무종의 시대인 정덕 연간(1488~1521)은 명나라 역사상 가장 부패하고 무능한 시기로 손꼽힙니다. 이 시기의 권력은 황제의 최측근인 환관에 의해 좌지우지되었습니다. 그런 환관 중에서도 특히 유근은 인사권을 전횡하는 등 사실상 황제 이상의 권력을 누렸습니다. 1506년(양명의 나이 35세), 이를 참다못한 대선이라는 사대부가 황제에게 유근의 죄상을 고발하는 상소를 올렸습니다. 하지만 황제는 유근을 벌하는 대신 오히려 대선을 투옥했습니다. 그러자 양명은 즉각 대선의 정당함을 밝히고 유근을 탄핵하는 상소를 작성해 조정에 올리죠. 격노한 황제는 양명에게 장형 40대라는 벌을 내립니다. 무시무시한 장형은 양명을 처참한 몰골로 만듭니다. 살갗이 찢겨나가고 뼈가 부러졌으며, 수차례 기절했다 깨어나기를 반복했죠. 혹한의 겨울, 옥중에서 망가진 몸과 마음을 추스르기도 전에, 양명은 당시 변방 중의 변방인 귀주 용장으로 좌천되고 맙니다.

하지만 양명을 향한 유근의 분노는 여기에서 그치지 않았습니다. 두 번이나 자객을 보내 용장으로 떠나는 양명을 암살하려 시도했습니다. 유근의 눈을 속이고 몰래 도망치려는 계획이 아니었다면 아마도 양명은 유근에 의해 죽임을 당했을 것입니다.

왕양명은 장형으로 망가진 육체를 이끌고 다음 해인 1507년 봄에 가까스로 용장에 도착합니다. 용장은 귀주 서북에 위치한 황량한 땅으로, 묘족이라는 소수민족이 주민의 대부분이었던 까닭에 일차적으로 언어 소통에 문제가 있었습니다. 묘족은 자신들을 천시하고 가혹하게 부리기만 하는 중앙 관리 및 외지인에게 결코 호의적이지 않았습니다. 용장에 도착한 양명 일행에게 무엇보다도 절박한 것은 먹고사는 문제였습니다. 어쩔 수 없이 일반 백성과 마찬가지로 손수 땅을 경작해 밭을 일구어 자급자족할 수밖에 없었습니다. 일행 가운데 용장의 습한 기후에 적응하지 못한 사람들은 종종 고열과 구토, 설사 등으로 쓰러지곤 했습니다. 이때마다 양명은 손수 죽을 끓여 먹이고 땔감과 물을 길어 날랐습니다. 용장의 숲에는 맹금류와 독사와 독충이 가득했습니다. 이 또한 시도 때도 없이 목숨을 위협하는 요인이었죠. 용장에서의 나날은 생존과 직결되어 있었습니다. 어떻게든 살아남아야 했습니다. 언어와 풍토, 습관이 모두 낯선 용장 생활은 양명에게 이루 말할 수 없는 고통을 가져다주었습니다. 온갖 육체적, 정신적 고통과 고난을 겪으면서 양명은 스스로에게 질문하곤 했습니다. '만약 성인이 지금 나와 같은 환경에 처했더라면 과연 어떻게 했을까?'

이 물음에 대한 해답은 어느 날 갑자기 양명에게 다가왔습니다. 어느 날 잠을 청하던 양명은 이제까지 자신을 괴롭히던 문제가 한꺼번에 풀리는 경험을 하게 됩니다. 《연보》 기록에 따르면, 양명이 이때 체득하는 내용은 "성인의 도는 나에게 충분히 갖추어져 있다"는 것입니다. 이와 더불어 성인의 경지는 사람마다 도달할 수 있다는 깨달음을 얻죠. 이는 양명이 유배지인 용장에서의 큰 깨달음, 즉 용장오도龍場悟道를 통해 비로소 주자학의 영향에서 벗어나 독자적인 사상 세계를 펼쳐나가게 되었음을 의미합니다.

용장에서의 삶은 양명 일생에서 중대한 전환점입니다. 어찌보면 말도 통하지 않고 생활 습관도 전혀 다른 낯선 땅으로의 좌천은 인생의 실패를 의미한다고 할 수 있습니다. 그러나 언제 죽어도 전혀 이상하지 않을 상황에 처해서도 양명은 결코 자신에게 주어진 현실에서 도피하거나 자포자기하지 않았습니다. 오히려 그 시간을 활용해 학문을 완성하고 새로운 학설을 만들어내는 소중한 기회로 삼았습니다.

마음과 이치는 같다

용장에서의 깨달음은 왕양명의 사상에 획기적인 전환점이 되어줍니다. 이제까지 자신을 괴롭히던 주자의 격물치지설에서 벗어나 마침내 심즉리心卽理에 도달하는 체험을 하게 되죠.

양명은 격물 공부란 외부 사물의 이치를 깨우치는 과정을 통해 습득되는 게 아니라 다만 자신의 마음에서만 가능하다는 것을 깨닫습니다. 내 마음 밖에서 사물의 이치를 궁구해야 한다는 주자의 학설은 이치와 마음을 둘로 나누는 잘못을 범했고, 그래서 양명은 이를 수정하지 않을 수 없었습니다.

양명은 심心과 이理는 둘이며 사물의 이치는 마음 밖에서 구해야 한다는 주자의 설에 반대해 심외무리心外無理, 심외무사心外無事를 주장합니다. 마음을 떠나서는 이理가 없고 사事가 없다는 뜻입니다. 일체의 윤리 규범이나 인간사를 마음과의 연관 속에서 조명해야 한다는 것이죠. 심즉리는 '마음 자체가 바로 이치'라는 의미로, 내 마음에 이理가 갖추어져 있다는 말입니다. 양명은 나아가 앎과 실천이 본래 분리될 수 없다는 지행합일知行合一을 주장합니다. 마음을 떠나 말할 수 있는 이치란 없다는 것은, 앎과 실천이 분리되지 않는 하나라는 생각과 일치하는 것이죠.

앎과 삶은 하나다

앎과 실천이 하나라는 양명의 지행합일설은 '먼저 알고 나서 행한다'는 주자의 선지후행先知後行에 대한 비판에서 나왔습니다. 양명에 따르면 앎이란 실천하는 중에 터득되므로 둘은 분리할 수 없습니다. 사실 양명에게 심즉리나 지행합일은 모두 마음과 관계된 문제로, 마음을 떠나 외부 사물의 이치를 구하는 과정을 통해 해결할 수 있는 문제는 아니었습니다.

진정한 지식과 행위는 '아름다운 빛깔을 좋아하며 나쁜 냄새를 싫어하는 것'과 같습니다. 아름다운 빛깔을 좋아하는 행위는 색을 볼 때 이미 좋아하게 되는 것이지, 보고 난 뒤에 좋아하는 게 아닙니다. 나쁜 냄새를 맡으면 자연적으로 고개를 돌리게 되는 것이지, 나쁜 냄새임을 알고 나서 고개를 돌리는 게 아닙니다. 이처럼 지식과 행위는 편의상 그렇게 나누어 말했을 뿐, 결코 별개가 아닙니다. 다시 말해 지식과 행위는 동시에 발생하지, 시간적인 선후 관계가 있는 게 아니죠.

지행합일에서 말하는 합일이란 '둘 이상이 합하여 하나가 된다'는, 즉 원래 분리되어 있는 지식과 행위라는 두 가지 개념을 하나로 만든다는 뜻이 아닙니다. 지식과 행위가 본래부터 동일하다는 의미로서, 지식이 곧 행위고 행위가 곧 지식이라는 것입니다. 양명에 따르면, 지식과 행위를 두 가지로 나누어 보는 것은 단지 사욕에 의해 지식과 행위의 본체인 양지良知가 가려졌기 때문입니다. 만약 사욕에 의한 가려짐이 없으면 지와 행은 합일하게 되고, 그 지행의 본체는 회복됩니다. 우리가 무언가를 알고 실천할 수 있을 때에만 진정으로 '안다'고 할 수 있습니다. 다시 말해, 알면서도 행하지 않는 것은 있을 수 없습니다. 만약 알면서도 행하지 않는다면 아직 진정으로 '안다'고 할 수 없습니다.

치양지

양명의 지행합일은 반드시 그의 심즉리와 치양지致良知 체계에서 이해해야 합니다. 일반적인 지식과 행위의 문제가 아니기 때문이죠. 양명이 일생을 바쳐 이룬 학문은 최종적으로 치양지 세 글자로 압축해서 말할 수 있습니다. 여기서 이른바 '양지'는 일종의 천부적인 도덕관념입니다.

《맹자》〈진심상〉에 이런 말이 나옵니다. "사람이 배우지 않아도 능한 것은 양능이고, 생각지 않아도 아는 것은 양지다." 양명은 맹자의 설을 계승해 양지를 나면서부터 아는, 즉 내재해 있는 까닭에 외부에서 구할 필요가 없는 것이라 여겼습니다. 또 양지와 양능을 같은 것으로 간주해 양지 개념을 더욱 풍부하게 했죠.

양명에 따르면 양지는 시비지심是非之心이고 도道이자 천리입니다. 양명은 유가에서의 성性을 도道의 경지까지 확대하는데, 이는 불성이 곧 불도라는 불가의 관점을 참고한 것입니다. '사람마다 모두 불성을 지니고 있다'는 불가의 관점과 '사람마다 모두 요순이 될 수 있다'는 송유宋儒의 관점을 계승해 '사람마다 성인이 될 잠재력을 지니고 있다'고 생각했습니다. 사람마다 양지를 지니고 있다는 점에서 보면 성인이나 보통 사람의 차이가 없습니다. 그러므로 모든 사람은 성현이 될 가능성을 지니고 있는 셈입니다. 하지만 가능성이 있다고 해서 누구나 양지를 실현할 수 있는 건 아닙니다. 양명은 "다만 성인만이 양지를 실현할 수 있고 어리석은 사람은 실현할 수 없으니, 이것이 성인과 어리석은 사람이 구분되는 점이다"라고 말합니다. 이로 미루어보면 온전히 치양지할 수 있는 사람은 다름 아닌 성인입니다.

그렇다면 치致란 무엇일까요? 치는 단순한 지식의 확충이 아니라, 인욕이나 사욕을 배제해 양지를 완전히 발현한다는 뜻입니다. 종합해보면, 치양지란 한편으로는 마음의 본모습을 실현하고, 한편으로는 오염된 마음을 바르게 해 마음의 본모습을 회복하자는 뜻입니다.

가르침을 베풀다

양명은 34세(1505)에 강학을 시작했습니다. 양명이 강학을 시작하자 소문을 들은 이들이 흥미를 갖고 몰려들었습니다. 그러나 올바른 사도의 계승이 끊어진 지 오래여서 사람들은 대부분 그가 명예욕을 못 이겨 특이한 이론을 편다고 여겼습니다. 그러는 가운데 오직 감천 담약수와 의기투합해 함께 성인이 되는 학문을 일으키고 밝힐 것을 책무로 삼았습니다.

용장 유배생활은 1509년, 국정을 농단하던 유근이 정쟁 속에서 암살당하면서 끝이 났습니다. 그러나 명나라는 바야흐로 전국에서 크고 작은 민란과 전쟁이 하루가 멀다 하고 발발하는 어지러운 시절로 접어들고 있었습니다. 용장에서 복직한 이후 양명은 주로 전장을 누비는 야전 군인으로 민란과 반란을 제압하기 위해 자주 출병했습니다. 그런데도 양명을 따르는 제자들의 발길은 끊임없이 이어졌으며, 양명 또한 그들에게 가르침을 베풀기를 게을리하지 않았습니다. 양명은 가르칠 때 비유를 들어 되도록 알아듣기 쉽게 설명했습니다. 또 어떤 사람의 의견도 무시하지 않고 오히려 겸손하게 가르침을 청했죠. 학생들을 대할 때 배우는 자세로 임했으며, 사람들이 모두 자신만의 독특한 견해를 가지고 있음을 존중해 결코 자기 생각을 강요하지 않았습니다. 제자들을 깍듯하게 예우했으며, 그들의 말을 주의 깊게 경청했죠. 비록 의견이 갈리더라도 그 순간 최대한 자신을 낮추고 조심스럽게 자신의 생각을 말했습니다.

1527년 여름, 56세가 된 양명은 조정으로부터 광서 지역의 민란을 진압하라는 명령을 받습니다. 양명은 은퇴한 지 이미 오래되었고 건강도 좋지 않으니 명령을 철회해달라고 요청했습니다. 하지만 양명의 요청은 받아들여지지 않았고, 결국 광서성으로 나아갈 수밖에 없었죠. 다행히 민란은 수습했지만 이 과정에서 병이 재발하고 말았습니다. 죽음을 예감한 양명은 남기실 말씀이 없느냐는 제자의 물음에 "나의 마음이 이렇게 훤히 밝아서 다 드러났는데 달리 더 무슨 말을 남기겠는가此心光明, 亦復何言"라는 말을 마지막으로 조용히 눈을 감았습니다. 마음이 훤히 드러나 밝아진 상태, 그것이 바로 우리가 이 책을 통해 조금이나마 엿보기를 바라는 목표가 아닐 수 없습니다.

돌이켜보면 양명의 인생은 결코 순탄치 않았습니다. 하지만 양명은 자신에게 주어진 상황에 순응하며 지속적으로 공부함으로써 마침내 '마음의 광명'을 얻었다고 고백합니다. 이런 그에게 어찌 한 조각 미련이 남아 있었겠습니까. 이런 그에게 어찌 후회함이 있을 수 있겠습니까.

차례

일러두기

이 책에서 인용한 《전습록》 번역은 《전습록: 실천적 삶을 위한 지침》(정인재·한정길 역주, 청계, 2001)에 따랐습니다.

뜻 을

세 우 다

————————

제
1
장

立
志

뜻을 세운다는 것

《장자》에는 '곤'과 '붕'에 관한 이야기가 나옵니다. '곤'이라는 물고기는 너무 커서 길이를 잴 수조차 없습니다. 이 '곤'이 변해 '붕'이라는 새가 되죠. 엄청나게 커서 날개를 펼쳐 하늘을 날면 하늘이 온통 먹구름으로 뒤덮이는 것 같았습니다. 붕은 추운 계절이 오면 바람을 타고 9만 리 상공으로 날아올라 남쪽으로 6개월 동안 쉬지 않고 나는데, 한 번 날갯짓을 하면 물길이 3천 리나 높이 솟았습니다. 그런데 매미와 비둘기가 이런 붕을 보고 비웃습니다. "우리는 있는 힘을 다해 날아야 겨우 느릅나무에 오를 수 있어. 때로는 거기에도 이르지 못하고 떨어지는 데 무엇 때문에 9만 리 상공으로 날아올라 남쪽으로 가?"

여기서 매미와 비둘기가 놓치고 있는 사실이 무엇일까요. 가까운 교외로 나가는 사람은 하루 분량의 식량을 챙기면 충분하지만, 천 리를 여행하는 사람은 준비해야 할 게 한두 가지가 아닙니다. 한 개인의 이상은 종종 그의 수준을 결정하죠. 연작燕雀이 어찌 홍곡鴻鵠의 뜻을 알 수 있겠습니까. 홍곡은 대붕과 같이 9만 리 높이에서 날개를 펴 선회하며 천하를 한눈에 내려다보는 데 반해, 연작은 무엇 때문에 멀리 날아가야 하는지도 모릅니다. 느릅나무와 다목나무에 이를 수 있으면 그것만으로 흡족해할 뿐이죠.

9만 리 높은 상공을 나는 대붕과 같이 왕양명은 어려서부터 성현이 되고자 하는 큰 뜻을 품고 있었습니다. 한번은 양명이 열두 살 되던 해의 어느 날 서당 훈장에게 이렇게 묻습니다. "인생에서 가장 중요한 일은 무엇일까요?" 훈장은 책을 읽어 과거에 급제하는 일이 가장 중요하다고 답했습니다. 하지만 양명은 "과거에 급제하는 것은 가장 중요한 일이라고 할 수 없습니다. 그보다는 책을 읽어 성현이 되는 방법을 배워야 하지 않을까요"라고 되묻습니다.

양명의 어린 마음속에는 의심이 싹트고 있었습니다. 사람들이 추구하는 과거 급제는 다만 외재적 성공일 뿐, 진정한 성공은 내재적 수양을 통해 성현이 되는 것이 아닐까. 독서를 통해 성현의 인격을 배우고, 나아가 자기 인격을 완성하는 것이 가장 중요하며, 또 이렇게 하는 사람이 바로 천하에서 가장 뛰어난 사람이 아닐까.

무릇 우리가 학문을 하는 데 가장 긴요한 핵심은 오직 뜻을 세

우는 것이다. ─144조목

　학문을 함에 뜻을 세운다는 것은 생각마다 천리天理를 보존하고
자 하는 노력이며, 그런 뜻을 잊지 않고 오랫동안 공부하면 자연
히 성인의 경지에 이르게 됩니다. 성인은 마음의 본체인 양지良知,
즉 천리에 충실해 사념이나 사욕이 전혀 남아 있지 않기 때문이
죠. 따라서 성인이 되고자 하는 뜻을 세운 사람이라면 자기 양지
에 조금이라도 사념이나 사욕을 남겨두지 말아야 합니다. 이는 곧
마음에 있는 착한 생각을 보존하고 악한 생각을 제거하는 위선거
악爲善去惡의 공부입니다. 이 공부에 몰두하면 자연히 지극히 선한
마음의 본체를 회복해 성인의 경지에 오를 수 있는 것이죠.
　"뜻이 세워지지 않으면 천하에 이루어질 수 있는 일이 없다.
비록 백 가지 기예라도 뜻에 근본을 두지 않는 것이 없다." 입지의
중요성에 대해 왕양명이 재차 강조한 내용입니다. 목표를 이루기
위해서는 우선 뜻을 세워야 합니다. 그러지 않고서는 어떤 일도
이루어낼 수 없습니다. 무슨 일을 이루고자 하면 먼저 그 일에 뜻
을 두고 오로지 거기에 집중하는 자세가 중요하죠. 양명 또한 자
신이 지향하는 바에 따라 한 발 한 발 성공을 향해 나아갔으며, 설
령 고난에 직면하더라도 자신이 지향하는 바를 결코 포기하지 않
았습니다. 비단 양명뿐이 아닙니다. 각 분야에서 성공한 이들의
면면을 살펴보면 거의 대부분 원대한 포부를 세우고 노력해 나아
갔음을 알 수 있습니다.

보는 만큼 알게 되고 아는 만큼 달라진다.

이백은 〈장진주將進酒〉라는 시에서 "하늘이 나를 낼 적엔 재능이 반드시 쓸 곳이 있을지니"라고 노래합니다. 자신에 대한 믿음을 갖는 동시에 세상에 쓸모 있는 인재가 되도록 노력한다면, 마침내 원대한 뜻을 실현할 날이 찾아옵니다. "가장 높이 나는 새가 가장 멀리 본다"라는 말이 있습니다. 보는 만큼 알게 되며, 아는 만큼 달라질 수 있습니다. 눈앞에 보이는 일에 급급해하는 대신 먼 앞날을 내다보며 마음속에 자신의 꿈과 이상을 간직하며 살아가기를, 뜻을 잃지 않고 살아갈 수 있기를 바라봅니다.

마음이 생각하는 바와 힘이 미치는 바

양명에게 입지란 다름 아닌 '성인이 되고자 하는 뜻을 세우는 것'이었습니다. 즉 마음속에 늘 천리를 보존할 것을 생각하며 잊지 않는 자세입니다. 이런 뜻을 세워 오랫동안 공부하면 자연히 성인의 경지에 이르게 됩니다.

다만 한 생각 한 생각마다 천리를 보존하고자 하는 것이 바로 뜻을 세우는 것이다. 이것을 잊지 않고 오랫동안 유지한다면 자연히 마음 가운데 응취하는 것이 있게 된다. ─16조목

'생각마다 천리를 보존하고자 하는' 것은 의념으로 사유에 영

향을 줌을 가리킵니다. 어떤 일을 마음속으로 깊이 생각한다는 것은 오로지 그 일에만 심혈을 기울이고 다른 데 신경 쓰거나 외부 요건에 간섭받지 않는다는 의미죠. 만약 반대의 경우라면 잡념을 없애기 어렵고 헛된 생각에 빠질 게 분명합니다.

사람은 누구나 성공하기를 바랍니다. 성공을 원한다면 험난한 인생 노정에서 무엇보다 먼저 성공하겠다는 '생각'을 품어야겠죠. 만약 성공하겠다는 '마음의 생각'이 결핍되거나 외부 간섭을 받아 그 뜻을 지켜나갈 수 없다면, 자신의 잠재 능력을 발휘할 수 없을 뿐만 아니라 자아를 초월해 극한에 도전하는 일은 더욱더 어려워집니다.

마음속으로 성공을 생각한다고 해서 누구나 다 성공할 수 있는 건 아닙니다. 우리는 종종 '다음번 시험에는 평균 A학점을 받아야지' '6개월 안에 10킬로그램을 빼야지' '새해에는 틀림없이 금연, 금주를 해야지' 하는 등등의 다짐을 합니다. 하지만 적지 않은 사람이 목표 달성에 실패합니다. 믿음이나 자신감이 결여된 상태에서 다만 생각으로 그치고 말기 때문입니다.

그러므로 어떤 일을 성공적으로 마무리하기 위해서는 내 마음이 생각하는 바를 믿고 자기 자신이 원하는 게 무엇인지 분명히 알아서 이를 위해 노력해야 합니다. 시시각각 '…하려고 하는' 생각을 유지한다면 나의 생각이 '나는 …하려 한다'는 데서부터 점차 '나는 …해야 한다' 또는 '나는 반드시 …해야 한다'는 쪽으로 바뀌어감을 알 수 있습니다. 마음이 생각하고 원하는 바를 분명히 알아서 대담하게 견지해나갈 때 비로소 자신에게 내재되어 있는 잠재 능력을 제대로 발현할 수 있습니다.

뜻을 굳게 지키는 공부

누구에게나 뜻하는 바가 없을 수 없지만 뜻한 바를 지속적으로 지켜나가는 것은 생각만큼 쉽지 않습니다. 그럼에도 불구하고 지향하는 바가 확고한 사람은 온 마음을 다해 목표를 향해 나아가며, 목표와 무관한 일에는 신경 쓸 겨를이 없습니다. 한가로운 말을 하거나 한가로운 일을 하는 데 시간을 낭비할 틈도 없겠죠. 이와는 반대로 가슴에 품은 뜻이 없는 사람은 근본적으로 어떤 일이 중요하고 어떤 일이 그렇지 않은지 구분하지 못하고, 매우 보잘것 없는 사건에도 쉽게 영향을 받곤 합니다.

뜻이 있는 사람에게는 '시간이 곧 금이다'라는 격언이 의미 있게 다가오지만, 뜻이 없는 사람에게 시간은 별다른 의미가 없습니다. 시시껄렁한 잡담을 늘어놓으며 시간을 허비하고, 인터넷에서 의미 없는 교류를 하거나 말초신경을 자극하는 오락거리를 찾기도 합니다. 그럴 땐 마치 시간이란 게 무한정 꺼내 쓸 수 있는 자원인 것만 같습니다. 하지만 시간은 우리를 기다려주지 않고, 우리의 생명에는 기한이 있습니다. 그 귀한 생명을 별 가치 없는 활동에 소모한다면 살아 있어도 죽은 것과 마찬가지입니다.

뜻을 굳게 지키기를 마치 마음이 아픈 것처럼 하니, 마음이 온통 아픈 데 집중해 있는데 어찌 한가로운 말을 하고 한가로운 일에 관여할 겨를이 있겠습니까? -95조목

'뜻을 굳게 지키기를 마치 마음이 아픈 것'과 같이 한다는 것은, 연애하듯 절실하게 하라는 주문입니다. 진정으로 누군가를 또는 어떤 대상을 사랑한다면, 틀림없이 그 대상에 모든 열정을 쏟아부을 것입니다. 또 그럼으로써 벌어질 수 있는 예기치 못한 난관이나 어려움도 극복할 각오를 다지며, 연애를 제외한 다른 일에 대해서는 전혀 신경 쓰지 않겠죠.

처세나 학문에서 가장 중요한 것은 뜻을 세우는 일입니다. 지향하는 바가 없는 사람은 목표가 흐릿해 자신이 진정으로 바라는 게 무엇인지 알지 못합니다. 설령 지향하는 바가 있다고 하더라도 주의력이 흩어지면 목표한 바를 지속할 수 없습니다. 이런 사람은 자신이 추구하는 일을 성취하지 못했을 때 의기소침하지만, 추구하는 일을 달성한다 하더라도 별다른 흥미를 못 느끼고 곧 싫증을 내게 됩니다. 반면 지향하는 바가 확고한 사람은 마음에 주재하는 바가 있어 시종일관 목표를 향해 나아갑니다. 매일매일 목표와 가까워지면 마음은 이내 성취감으로 가득 찹니다. 목표 달성 여부와 관계없이 과정의 즐거움을 충분히 누릴 수 있게 되죠. 또 모든 능력을 한 가지 일에 집중하니 그만큼 성공할 가능성도 커집니다.

일단 포부가 확고하다면 모든 정력을 거기에 쏟아야 잠재되어 있는 지혜를 최대로 발휘할 수 있습니다. 물론 현실에서는 그게 말처럼 결코 간단하지 않습니다. 명예나 이익, 금전 등에 정신이 팔려 주의력이 흩어지기 쉽습니다. 이런 상태에서는 근본적으로 뜻을 간직함을 마치 가슴이 아픈 것과 같이 하는 게 불가능합니다. 한 가지 일, 한 가지 뜻에 오롯이 집중하지 못하는 자세로 어찌 성공을 바랄 수 있겠습니까.

인생은 속도가 아니라 방향이다

학문할 때는 반드시 요령을 얻어야 공부에 비로소 성과가 있게 된다. −102조목

배의 꼬리에 달린 키는 배가 나아가는 방향을 조정하는 역할을 합니다. 돛을 잘 조정하면 어느 방향으로든 배를 몰고 나아갈 수 있는데, 이때 특정한 방향으로 뱃머리를 조정하는 것이 키의 역할입니다. 그러므로 키가 제 기능을 상실하면 배는 지속적으로 전진하거나 후진하거나, 그도 아니면 일정 구역을 뱅글뱅글 돌기만 할 뿐입니다.

마찬가지로 인생의 바다를 항해할 때 우리 모두 자신의 키를 잘 다루어야 합니다. 인생에서 키 역할을 하는 것은 무엇일까요?

바로 목표입니다. 목표가 있어야 각자 선택한 방향을 향해 똑바로 나아갈 수 있습니다. 무엇을 향해 나아갈지 또는 어느 방향으로 나아갈지 선택하는 것은 실질적으로 우리 인생에서 매우 중요합니다. 만약 처음부터 방향을 잘못 정했다면 올바른 방향을 탐색하기 위해 끊임없이 노력해야 합니다. 그러지 않고 계속 잘못된 방향만 고집한다면 아무리 노력해도 좋은 결과를 얻을 수 없습니다. 당나라 백거이의 《신악부新樂府》에는 수레의 끌채는 남쪽을 향하고 바퀴는 북쪽으로 간다는 남원북철南轅北轍에 관한 이야기가 실려 있습니다.

전국시대 위나라 왕이 조나라의 도읍 한단을 공격하려는 계획을 세웠습니다. 때마침 여행을 떠나 있던 신하 계량이 그 소식을 듣고 급히 돌아와 왕에게 다음과 같이 말했습니다. "제가 길에서 어떤 사람을 만났습니다. 그 사람은 남쪽의 초나라로 간다고 말하면서 북쪽을 향해 마차를 몰고 있었습니다. '초나라로 간다면서 북쪽으로 가는 까닭이 무엇이오?' 하고 묻자, 그 사람은 '이 말은 아주 잘 달립니다'라고 대답했습니다. 제가 '말이 잘 달려도 이쪽은 초나라로 가는 길이 아닙니다'라고 하자, 그 사람은 '나는 돈을 넉넉히 가지고 있고, 마부가 마차를 모는 기술도 훌륭합니다'라고 엉뚱한 대답을 내놓았습니다. 왕께서도 생각해보십시오. 그 사람은 결국 초나라와 더욱 멀어지고 있는 셈 아니겠습니까?" 계량은 잠시 멈추었다가 다시 말을 이었습니다. "왕께서는 항상 패왕覇王이 되어 천하를 복속시키겠다고 말씀하셨습니다. 그렇지만 지금

나라가 조금 큰 것만 믿고 한단을 공격하려고 하니, 이렇게 하면 왕의 영토와 명성은 커질지라도 목표로부터 멀어지게 됩니다. 이 것이 초나라로 간다고 하면서 마차를 북쪽으로 몰고 가는 사람과 무엇이 다르겠습니까."

이 이야기는 마음과 행위가 일치하지 않고 모순됨을 비유한 것으로, 노력보다는 방향이 더욱 중요함을 일깨워줍니다. 어떤 일을 준비할 때는 반드시 신중하게 생각하고 정확한 방향을 세워야 자신의 잠재 능력을 충분히 발휘할 수 있습니다. 부단히 노력하는 것이 결코 중요하지 않다는 뜻이 아닙니다. 그것도 물론 중요하지만, 먼저 명확한 방향을 설정하는 게 그 무엇보다 중요합니다.

만약 방향이 틀렸다는 사실을 알면서도 잘못을 고칠 줄 모른다면 같은 잘못을 반복하게 됩니다. 방향을 정하지 않은 채 무턱대고 노력만 기울인다면, 남쪽으로 가고자 하면서도 실제로는 북쪽으로 가버려 목표에서 더욱 멀어지는 결과만 낳습니다. 궤도와 항로가 있기 때문에 기차나 비행기가 안전하게 운항할 수 있습니다. 인생에서도 정확한 방향을 정하는 게 중요합니다. 다시 한 번 강조하지만, 인생은 속도가 아니라 방향입니다. 우리 인생에서 중요한 문제는 '어디에서 왔느냐'보다 '어디로 가느냐' 하는 것입니다.

덕을 기르는 방법

사람들은 어떤 문제에 부딪히면 문제의 본질을 파악하려고 노력하는 대신 기계적으로 해결책만 찾으려는 경향이 있습니다. 이에 반해 현명한 사람은 사물의 본질을 파악하고 문제 해결의 관건을 발견하는 데 뛰어납니다. 사물에는 '본말' '경중' '완급'이 있습니다. 관건이 근본에 있는 까닭에 근본에 힘쓰면 말단적인 부분은 자연히 해결됩니다. 이와 반대로 근본 문제는 버려두고 말단만 좇는다면 핵심이나 요점을 터득하지 못하게 되겠죠.

어떤 일이든 근본을 파악하는 게 중요합니다. 마치 어떤 사람에게 고기를 잡아주는 것이 고기 잡는 방법을 가르쳐주는 것만 같지 못함과 같습니다. 무슨 일을 하든 반드시 근본에 힘써야 하고, 정신적 목표를 추구하는 과정에서는 외적 요소를 철저하고 단호하게 제거할 수 있는 일관되고 강인한 자질이 필요합니다. 이와 같이 해나간다면 방향을 잃지 않을 수 있습니다. 양명은 이렇게 이야기합니다.

나무를 심는 사람은 반드시 그 뿌리를 북돋아주어야 하며, 덕을 심는 사람은 반드시 그 마음을 길러야 한다. −115조목

양명은 덕을 기르는 방법을 나무를 기르는 방법에 비유합니다. 나무를 심을 때 가장 먼저 뿌리를 북돋아주어야 하듯이 덕을

기르기 위해서는 마음공부에 힘써야 한다는 뜻이죠. 그런데 덕은 학문을 통해 기를 수 있으니, 학문하는 사람이 우선적으로 힘써야 할 것은 결국 뜻을 세우는 일입니다. 성인의 경지에 오르고자 하는 뜻을 세우고, 이 뜻을 이루기 위해서 끊임없이 선을 행하고 악을 제거하는 공부를 해나가야 합니다. 학문하는 사람이 한결같은 생각으로 선을 행하려는 것은 마치 나무를 심는 것과 같아서, 일부러 조장하거나 잊어버리지 말며 오직 북돋아주어 잘 자라도록 만들면 됩니다. 이런 조건이 충족되면 나무는 밤낮 저절로 자라나고, 나날이 생기가 넘치며 가지와 잎이 무성해지죠. 또 나무가 처음 생장할 때는 반드시 번잡한 가지를 잘라주어야 비로소 뿌리와 줄기가 더 크고 튼튼하게 성장할 수 있습니다. 학문할 때도 마찬가지입니다. 뜻을 한군데 집중해, 심성 수양을 방해하는 것이라면 무엇이든 철저하고 단호하게 제거하도록 힘써야 합니다.

대부분의 현대인은 번잡하고 복잡한 일상에 갇혀 언제나 맑은 정신을 유지하기가 참으로 어렵습니다. 이런 상황에서 가장 효과적인 방법은 잠시 하던 일을 멈추고 자신을 되돌아보는 것입니다. 현재 자신이 직면한 상황에서 빠져나와 객관적으로 자기 자신을 살피는 일이 무엇보다 중요합니다. 이런 과정을 통해 문제의 핵심을 찾아낼 수 있다면 아무리 복잡한 일이라도 단순화할 수 있습니다. 즉 근본에 한 걸음 더 가까이 다가설 수 있다는 뜻입니다.

학문하려는 뜻을 참되고 절실하게

어떤 일을 진행하다 보면 원래 생각했던 것보다 속도가 더디거나 전혀 예상하지 못한 결과가 나올 때가 있습니다. 하지만 이것은 누구나 가끔 또는 자주 마주하는 광경이기 때문에 결코 두려워할 만한 일이 아니며, 또 두려워해서도 안 됩니다. 다만 무엇이 잘못되어 이런 결과를 낳았는지 끊임없이 반성하며 극복하고 해결하면 됩니다. 두려워하고 경계해야 할 것은 따로 있습니다. 바로 외부 요건에 의해 처음 마음먹은 의지가 흔들리는 상황입니다. 처음에 품었던 참되고 절실한 생각이 흔들린다는 것은 목표의식이 사라졌다는 말이고, 이는 결과적으로 자신이 계획한 일이 궤도를 벗어나기 시작했음을 의미합니다.

부모를 봉양하기 위해 과거 준비를 하는 것이 학문하는 데 장애가 된다면 농사를 지어 그 부모를 봉양하는 것도 역시 학문에 장애가 되는가? 선현께서는 "오직 뜻을 빼앗길까 걱정이다"라고 하셨다. 단지 학문을 하려는 뜻이 참되고 절실하지 못할까 두려울 뿐이다. -103조목

양명이 선현의 말씀을 인용하는 것은 무엇 때문일까요? 오로지 자신이 뜻한 바를 완성하기 위해서입니다. 양명은 정치적 타격과 일상의 고통을 이겨내고 모든 안일함을 내려놓았지만, 학문 탐

구 의지만은 내려놓을 수 없었습니다. 게다가 학문적 측면에서 비교적 높은 성취를 이뤘는데도 이에 만족하지 않고 꾸준히 노력하는 모습을 보입니다.

배움은 흐르는 물을 거슬러 오르는 배와 같아서 앞으로 나아가지 않으면 퇴보하게 된다고 했습니다. 성현의 학문이란 하루 이틀 노력한다고 해서 이룰 수 있는 수준이 아닙니다. 성현의 경지에 오르기 위해서는 밤낮없이 노력해야 합니다. 이런 노력의 시간이 쌓이고 쌓여야 마침내 이루어지는 바가 있습니다. 양명은 부지런히 배우는 근학勤學이야말로 학문하는 사람이 지켜야 할 교의이자 준칙이라 했습니다. 양명이 제자들에게 근학을 강조하는 것은 부지런히 공부하고 힘써 행해야 일정한 성과가 있을 수 있기 때문입니다.

우리에게는 누구나 자신만의 꿈이 있습니다. 자신이 추구하는 꿈을 이루기 위해서는 꿈을 현실화하기 위한 끊임없는 노력이 필요합니다. 그러지 않으면 꿈은 다만 꿈으로 그칠 뿐입니다. 아무리 먼 길이라도 한 걸음씩 걸어가다 보면 자신도 모르는 사이에 이미 목적지에 닿아 있는 자기 모습을 발견할 수 있습니다. 반면에 아무리 가까운 길이라도 첫 한 걸음을 내딛지 않으면 끝내 목적지에 도달할 수 없는 노릇입니다.

성공에 이르는 과정은 결코 수월하지만은 않습니다. 고난과 좌절 끝에 찾아오는 실패는 우리를 한없는 절망의 구렁텅이에 떨어뜨립니다. 그렇다고 낙담만 해서는 안 됩니다. 예나 지금이나 어느 분야에서 두드러진 성과를 올린 사람들은 대부분 무수한 시행착오를 거치고 마침내 성공을 거머쥐었습니다. 그들이 고난과 좌절을 극복할 수 있었던 건 처음에 품었던 꿈을 포기하지 않았기 때문입니다. 성공이란 아무런 노력 없이 하루아침에 그냥 주어지는 것이 아니라 꾸준한 노력을 통해 얻을 수 있는 결과물입니다.

자신을 둘러싼 온갖 속박에서 벗어나 눈부신 모습으로 변신하기를 원하는 사람은 많습니다. 죽은 듯 움직이지 않던 번데기가 아름다운 나비로 탈바꿈해 훨훨 날아다니는 모습을 보면 경이롭기 그지없죠. 그러나 언뜻 당연해 보이는 이 변태 과정은 사실은 아무도 알아주지 않던 오랜 기다림 끝에 찾아오는 결과입니다.

가슴 가득 희망을 품고

살다 보면 예상치 못한 역경에 직면할 때가 있습니다. 예기치 않게 찾아오는 고난을 좋아할 사람이 어디 있을까요. 하지만 사실 인생이 자기 마음먹은 대로 순탄하게 진행되는 경우는 많지 않습니다. 어려움이나 역경에 직면한 사람들은 저마다 그에 대처하는 자신만의 태도를 취합니다. 그리고 그 태도는 사람들의 모습만큼이나 제각각입니다. 어떤 사람은 역경을 자기 힘으로는 어쩔 수 없는 불가항력이라 여겨 회피하고, 어떤 사람은 역경을 인생의 좋은 스승이나 친구로 여겨 자신의 삶을 한 단계 끌어올릴 절호의 기회로 삼기도 합니다. 뜻하지 않게 찾아오는 역경은 마치 급류와 같은 이중성을 지니고 있습니다. 급류가 거세게 일면 배를 앞으로 몰고 가기 어렵지만, 때로는 급류를 이용해 더 빠르고 더 멀리 나아갈 수도 있습니다. 인생의 역경에 직면해 무기력하게 끌려갈 것이냐, 이를 극복하고 용감하게 앞으로 나아갈 것이냐는 오로지 개인의 의지와 선택에 달려 있습니다.

'하늘을 섬긴다'는 것은 비록 하늘과 하나가 되는 것은 아니지만, 이미 스스로 하나의 하늘이 자기 앞에 있음을 깨달은 것이다. '명을 기다린다'는 것은 (하늘을) 아직 만나지 못해 여기서 기다리는 것과 비슷하니, 이것이 바로 초학자가 (학문에) 처음 뜻을 세울 때 '곤고하게 알고 힘써서 행하려는' 생각을 지닌 것이다. ─6조목

양명의 삶 또한 그다지 순탄하지 않았습니다. 일생 동안 여러 차례 육체적, 정신적 고난을 경험했지요. 온갖 고난에 직면해 한때 의기소침한 적도 있었습니다. 그러나 마침내는 자신을 가로막고 있는 고난을 극복하고 앞으로 한 단계 더 나아갔습니다. 일시적인 의기소침함은 결코 두려워할 만한 게 아닙니다. 정말로 두려워해야 할 것은 그 상태에서 주저앉아 스스로 벗어나지 못하는 상황입니다.

인생의 밑바닥에서 다시는 위로 올라가지 못할 것 같다고 좌

절해버리면 안 됩니다. 거기서 벗어나려면 언제나 마음속에 꿈을 간직하고 있어야 합니다. 설령 지금 당장의 삶이 고난과 어려움의 연속이라 하더라도, 그래서 궁지에 빠지거나 앞길이 순탄치 않다 하더라도 마음속에 꿈을 간직할 필요가 있습니다. 마음에 꿈을 간직하는 것은 인생에 희망을 부여하는 일과 같습니다. 생명은 유한하지만 꿈은 무한합니다. 인생은 부단히 새롭게 시작하는 과정입니다. 마음속의 꿈을 견지해나갈 수 있다면 우리의 인생은 절망을 뛰어넘어 희망으로 가득 찰 것입니다.

누구나 성인이 될 수 있다

———————

제 2 장

聖
人

모든 사람은 가능성을 지니고 있다

우리는 과연 무엇을 위해 살아갈까요? 인생의 목표는 무엇일까요? 왕양명은 열두 살 때 스승에게 인생의 궁극적인 목표가 무엇인지 묻습니다. 스승은 공부해서 훌륭한 관리가 되는 것이 인생의 궁극적인 목표라고 대답합니다. 과거를 통해 관리로 등용되던 당시 명대 사회에서 나올 법한 일반적인 대답이었죠. 그러나 양명은 받아들일 수 없었습니다. 그에게 공부의 목적이란 단순히 관리가 되는 데 있는 것이 아니라 학문을 통해 궁극적으로 성인의 경지에 오르는 데 있었기 때문입니다. 성인이 되는 것이야말로 어린 양명이 뜻을 세워 도달하고자 했던 인생의 목표였습니다.

공부를 통해 성인의 경지에 오르고자 한 양명은 주자가 제시한 격물 공부 방법에 따라 사물의 이치를 하나하나 탐구해나가기 시작합니다. 하지만 그럴수록 사물의 이치와 내 마음이 점점 더 멀어져감을 느끼게 됩니다. 좌절한 양명은 자신의 자질이 부족하다고 자책하고 한동안 유가를 떠나 도가와 불가 이론에 심취합니다. 어려움은 여기에만 그치지 않았습니다. 황제에게 환관의 폐단을 지적하다가 억울하게 투옥된 남경의 간관 대선을 위해 상소를 올린 양명은, 도리어 장형 40대를 맞는 형벌을 받고 변방인 귀주 용장으로 좌천됩니다. 그리고 그곳에서 온갖 고통과 고난을 겪습니다. 양명은 스스로에게 물었습니다. '만약 성인이 지금 나와 같은 환경에 처했더라면 과연 어떻게 했을까?' 이 물음에 대한 해답은 갑자기 찾아왔습니다. 어느 날 양명은 이제까지 자신을 괴롭히던 문제, 즉 주자의 격물설과 성인에 대한 갈구가 한꺼번에 풀리는 경험을 하게 됩니다.

모든 사람은 요순과 같은 성인이 될 수 있다. −99조목

사람은 신장, 근력, 기품, 자질 등 여러 가지 면에서 서로 차이를 드러냅니다. 만약 이런 차이를 등급으로 나눈다면 무수한 등급으로 분류할 수 있을 정도입니다. 서로 완전히 같은 사람은 있을 수 없습니다. 이런 재성才性의 차별로 인한 능력의 높고 낮음은 인간의 힘으로는 어찌할 수 없는 근본적이고 객관적인 제약이자 한계입니다. 하지만 보편적으로 누구나 가지고 있는 것도 있습니다. 이것이 바로 공자와 맹자가 제시한 도덕심이자 도덕본성입니다. 도덕심과 도덕본성은 모든 사람이 선천적으로 지니고 있으며, 어

떤 차별도 없습니다. 이런 선천적인 요소 덕분에 사람은 누구나 성인이 될 가능성을 지닌 것입니다.

양명은 공자와 맹자가 제시한 도덕심이자 도덕본성을 양지라고 표현합니다. 사람은 누구나 선천적으로 도덕심으로서의 양지를 갖고 있어서 성인이 될 가능성을 지닙니다. 하지만 현실적으로 누구나 다 양지를 발현해 성인의 경지에 오를 수 있는 건 아닙니다. 그렇다면 누구는 성인이 되고 누구는 성인이 될 수 없는 원인은 어디에 있을까요?

성인이 성인인 까닭은 오직 그 마음이 천리에 순수해 인욕이 없기 때문입니다. 따라서 성인이 되는 길은 마음이 천리에 순수해 인욕이 없게 하는 데 달려 있습니다. 마치 금에 섞여 있는 불순물을 제거해야만 순금이 되는 것과 마찬가지입니다. 인욕이라는 불순물을 제거하기만 하면 양지라는 순금의 모습이 드러나게 되는 것입니다. 즉 양명이 말한 성인이 되는 공부는 외부적인 지식을 더하는 공부가 아니라 내 마음에 있는 인욕을 덜어내는 공부인 셈입니다.

성인은 순금과 같다

유학에서 성인이란 이상적인 군주, 도덕적으로 완전한 사람 등 인간으로서 최고의 존재를 나타내는 말입니다. 양명은 학문하는 목적을 성인이 되는 것으로 삼았습니다. 즉 이론이나 실천 방면에서 양명의 사상은 모두 궁극적으로 어떻게 하면 성인의 경지에 오를 수 있을까 하는 문제에서 비롯됩니다. 사상의 발전 모습도 이런 기본적인 문제에 대한 해답을 추구하는 과정이었습니다.

역사상 수없이 많은 성인이 있었습니다. 예를 들어 맹자가 청렴하고 결백하다고 칭한 백이伯夷, 선각자로서 세상 사람을 지도하는 일을 자기 임무로 삼았다고 칭한 은나라 재상 이윤伊尹, 출처와 진퇴가 때에 맞고 시세에 순응했다고 칭한 공자 등이 그들입니다. 이를 보면 알 수 있듯, 성인이라 하더라도 재주와 능력 면에서는 각기 차이가 있습니다. 그런데도 이들을 모두 성인이라고 부르는 이유는 무엇일까요? 또 재주와 능력 면에서 백이나 이윤, 공자에 비해 훨씬 차이가 나는 보통 사람들은 어떻게 성인이 될 수 있을까요? 혹시 아무리 노력해도 성인의 경지에 오를 수 없는 건 아닐까요? 보통 사람들이 직면하는 이런 좌절 앞에서 양명은 순금의 비유를 들어 누구나 성인이 될 수 있음을 밝히고 희망과 용기를 불어넣어줍니다.

성인이 성인인 이유는 단지 그 마음이 천리에 순수하고 인욕의 섞임이 없어서다. 마치 순금이 순수한 이유는 단지 그것이 지닌 성분이 넉넉해 구리나 아연이 섞이지 않아서인 것과 같다. —99 조목 성인이 되는 길은 다른 데 있지 않습니다. 내 마음이 본래의 순수함을 간직한다면 누구나 성인이 될 수 있습니다. 순금이 순금인 까닭은 금의 함량이 충분해 구리나 아연 등 불순물이 섞이지 않아서인 것과 마찬가지입니다. 곧 금의 함량이 순수하면 순금이 되듯, 사람이 마음에 천리를 순수하게 간직하면 성인이 될 수 있다는 뜻이죠.

물론 다 같은 성인이라 하더라도 각각의 재주와 능력에는 차이가 있습니다. 이는 마치 다 같은 순금이라 하더라도 가볍고 무거운 차이가 있는 것과 마찬가지입니다. 예컨대 요순의 무게를 열 돈, 문왕과 공자는 아홉 돈, 우왕과 탕왕이나 무왕은 일고여덟 돈, 백이와 이윤은 네다섯 돈이라 합시다. 이들의 무게는 비록 다르지만 천리에 순수하다는 면에서는 마찬가지이므로 모두 성인이라 일컫습니다. 순금의 무게가 각기 다르다 하더라도 순도가 같다면 모두 순금이라 부르는 것과 마찬가지입니다.

결론적으로 말하자면, 순금이 순금인 까닭은 금의 함량이 충분한 데 있지 금의 무게에 있지 않습니다. 성인이 성인이 된 이유는 단지 그 마음이 모두 천리를 순수하게 간직하고 있느냐 아니냐에 달려 있지 각 개인의 재주와 능력의 차이에 있지 않습니다. 그러므로 보통 사람이라도 열심히 노력해 마음을 순수하게 만들면 역시 성인이라 할 수 있습니다. 맹자가 "사람은 모두 요순과 같은 성인이 될 수 있다"고 말한 것도 같은 이유에서입니다. 만약 성인은 알지 못하는 것이 없고 하지 못하는 것이 없다고 생각해 반드시 성인의 수많은 지식과 재능을 하나하나 이해해야만 비로소 성인이 될 수 있다고 여긴다면 그 결과는 어떨까요. 지식이 넓어지면 넓어질수록 인욕은 점점 자라나고, 재주와 능력이 많아지면 많아질수록 천리는 더욱더 가려질 뿐이죠. 마치 다른 사람에게 열 돈의 순금이 있음을 보고 자신이 지닌 한 돈의 순금에 아연과 구리 등 불순물을 섞어 황급히 열 돈 분량을 채우려는 것과 같습니다. 적어도 분량 면에서는 같아졌을지 모르겠지만, 순도 면에서는 이미 더 이상 금이라고 말할 수 없습니다.

금의 순도를 높이기 위해서 금속에 포함된 불순물을 제거하는 과정이 필요하듯, 성인이 되기 위해서는 인욕을 제거해 천리를 밝히는 공부가 필요합니다. 요순이나 공자에 비해 재주와 능력이 뒤처진다고 비관할 게 아니라 자기 뜻을 세워 지속적으로 노력해나가면 됩니다. 남이 한 번에 능하거든 자신은 백 번을 힘쓰며, 남이 열 번에 능하거든 자신은 천 번을 힘쓸 따름입니다.

성인의 마음은 밝은 거울과 같다

《장자》〈내편〉'응제왕'에서는 성인의 마음 씀에 대해 다음과 같이 언급하고 있습니다. "수양이 지극한 경지에 이른 사람의 마음 씀은 거울과 같다. 떠나보내지도 않고 맞아들이지도 않으며, 그저 사물에 따라 비추되 흔적을 남기지 않는다. 그러므로 사물에 응하되 몸을 손상시키지 않는다." 마음은 거울과 같습니다. 거울은 움직이지 않지만 보이는 모습을 있는 그대로 비춥니다. 그래서 어떤 사태에도 대응할 수 있죠. 양명 또한 다가오는 사물이나 사건에 따라 응하는 성인의 마음을 자주 밝은 거울에 비유합니다.

성인의 마음은 밝은 거울과 같다. 다만 이 하나의 마음이 밝기만 하면 느끼는 것에 따라 응해 어떤 사물도 비추지 않는 것이 없다. 이미 지나가버린 형상을 여전히 남겨두지도 않으며, 아직 비추지 않은 형상을 먼저 갖추고 있지도 않다. -21조목

성인의 마음은 밝은 거울처럼 전체가 맑고 투명해 조그마한 티끌도 붙어 있지 않습니다. 양명은 수양을 통해 궁극적인 경지에 도달한 인간, 즉 성인의 마음 상태를 밝은 거울에 비유합니다. 성인의 마음을 밝은 거울이나 고요한 물에 비유하는 것은 중국의 전통이죠.

양명에 따르면, 사람의 마음은 본래 밝은 거울과 같이 사물이나 사건에 응해 그것의 본래 모습을 있는 그대로 비출 뿐 임의로 더하거나 빠뜨리지 않습니다. 하지만 모든 사람의 마음이 밝은 거울과 같지는 않습니다. 오직 성인의 마음만이 밝은 거울처럼 원래의 밝은 상태를 유지하면서 다가오는 사물의 본래 모습을 비출 수 있죠. 보통 사람의 마음은 어두운 거울과 같습니다. 어두움을 제거하고 본래의 모습을 되찾기 위해서는 어떻게 해야 할까요. 당연

히 거울에 비추는 사물의 모습을 바르게 하기보다는 거울을 덮고 있어 어둡게 만드는 티끌이나 먼지를 먼저 제거해야 합니다.

일반적으로 사람의 마음에는 두 가지 집착이 있습니다. 첫째는 '이미 지나가버린 형상을 여전히 남겨두어' 미련을 버리지 못하는 경우입니다. 예를 들어, 같은 회사에 근무하는 동료와 업무처리에 대한 의견이 달라 크게 다투어 관계가 틀어졌다고 해봅시다. 그 사건 이후 불편한 기분이 들고 동료를 볼 때마다 좋지 않은 감정을 드러낸다면 바로 지나가버린 형상에 머물러 있는 형국입니다. 동료가 멋대로 행동해 자신의 업무를 망치면 기분 좋을 사람은 없겠죠. 이런 감정은 어쩌면 당연할지도 모릅니다. 하지만 오랜 시간이 지난 현재까지도 과거를 잊지 못하고 그로 인해 일을 그르친다면, 이는 자신을 위해서도 결코 좋지 않습니다.

둘째는 어떤 사건이나 사물이 아직 이르지 않았는데 이미 나의 마음이 먼저 달려가 있는 경우입니다. 즉 '아직 비추지 않은 형상을 먼저 갖추는' 것이죠. 예를 들어, 증권회사에 다니는 어떤 펀드 매니저가 사소한 다툼 끝에 한 달 가까이 보지 못한 연인과 만나 저녁 식사를 하고 영화를 보기로 약속했다고 가정해봅시다. 오랜만에 연인을 만난다는 기대감에 들떠서였을까요. 펀드 매니저는 그날따라 업무에 좀체 집중하지 못했고, 어서 약속 시간이 되기만을 바랐습니다. 그러다 저도 모르게 결정적인 실수를 저질러 회사와 투자자들에게 적지 않은 손해를 끼치고 말았습니다. 사랑하는 남녀가 서로 그리워하는 것은 자연스러운 일입니다. 하지만 그런 감정이 심경을 어지럽혀 지금의 상태에 좋지 않은 영향을 끼친다면 이 또한 그다지 바람직한 일은 아닐 겁니다.

성인의 마음은 이미 지나가버린 형상은 지나간 대로 두고, 아직 오지 않은 형상은 미리 갖추지 않습니다. 사물이 오면 비추고 사물이 가면 미련을 두지 않는 밝은 거울과 같죠. 하지만 보통 사람은 이와 다릅니다. 앞에 든 예처럼 지나간 과거와 앞으로 다가올 일에 영향을 받고 흔들리기 일쑤입니다. 물론 보통 사람 가운데서도 기질이 아름다운 사람은 거울에 낀 찌꺼기가 적습니다. 거울에 낀 먼지를 닦아내는 공부를 조금만 한다면, 거울이 저절로 밝아져 약간의 찌꺼기 정도는 마치 끓는 물 가운데 떠 있는 눈송이처럼 금방 사라지겠죠. 하지만 기질이 아름답지 못한 사람은 거울에 낀 찌꺼기가 많고 두텁습니다. 거울이 밝게 드러나기가 쉽지 않죠. 거울에 여전히 혼탁함이 있음을 알지 못하고 거울로 사물을 비추는 데만 힘쓴다면 어떻게 될까요. 거울 본래의 밝은 모습을 되찾기는커녕, 사물의 본모습 또한 비출 수 없게 될지 모릅니다.

모든 사람이 성인인가

유가에서는 인간의 완성을 성인에서 찾습니다. 수양을 통해 궁극적으로 도달하고자 하는 목표 또한 바로 성인의 경지에 오르는 것입니다. 성인은 유가에서 지향하는 궁극적인 인간상이고, 모든 유학자는 성인이 되고자 하는 자각적 의식에서 학문을 갈고닦았습니다. 이런 노력을 통해 목표를 달성할 수 있다는 신념이 주류를 이뤄왔죠. 양명은 이렇게 말합니다.

온 거리의 사람이 모두 성인이다. -313조목

양명이 '온 거리의 사람이 모두 성인'이라고 한 것은 무슨 의미일까요. 문자 그대로 거리에 있는 모든 사람이 성인이라는 뜻이 아니라, 그들 모두 성인이 될 가능성을 내재하고 있어 열심히 노력하면 누구나 다 성인의 경지에 다다를 수 있다는 의미입니다.

하루는 제자 왕간이 유람을 나갔다가 돌아오자 양명이 그에게 유람하면서 보고 느낀 점을 물어보았습니다. 왕간이 대답했습니다. "거리에 가득 찬 사람이 모두 성인임을 보았습니다." 이 말을 듣고 양명은 도리어 다음과 같이 말했습니다. "그대는 거리에 가득 찬 사람들이 성인이라고 말하지만, 내가 보기에는 거리에 가득 찬 사람들이 도리어 그대를 성인으로 보았을 것이다." 양명의 어투에는 왕간을 빈정대며 놀리는 느낌이 없지 않습니다. 즉 왕간의 경박한 태도를 비판하고 왕간에게 경각심을 불러일으키려는 목적이 있었던 겁니다.

또 하루는 다른 제자인 동나석이 유람을 나갔다 돌아와서 선생을 뵙고 다소 의아해하는 모습으로 말했습니다. "오늘 이상한 일을 보았습니다." 선생께서 물었습니다. "무엇이 이상하던가?" 동나석이 대답했습니다. "거리에 가득 찬 사람들이 모두 성인임을 보았습니다." 선생께서 말씀하셨습니다. "이 또한 평범한 일이니, 어찌 이상한 일로 여길 수 있겠는가?"

이 부분에서 의아한 점이 있습니다. 바로 양명이 동나석을 매우 긍정적으로 평가하고 있다는 사실입니다. 앞서 왕간을 꾸짖는 듯한 말투와 달리 이번에는 동나석의 체험을 인정합니다. 양명이 보기에 동나석은 드디어 도리를 깨달았던 거죠.

이처럼 각기 다른 제자가 체험한 동일한 사건에 대한 양명의 대답이 다른 이유가 있습니다. 그가 제자들의 자질에 따라 가르침의 형태를 달리하는 교육방법을 취하고 있기 때문입니다. 공자의 인재시교因材施敎가 바로 이와 같습니다. 양명이 보기에 왕간은 인격적으로 모가 나서 보통 사람들과 아직 잘 융합하지 못한 반면에 동나석은 어렴풋이 깨달은 것이 있었습니다. 그러므로 두 제자의 물음은 같았지만 대답은 달랐습니다. 즉 각자 처한 상황과 인품에 따라 가르침의 방법을 달리해 깨우치고 있는 것입니다.

그런데 양명은 도대체 무슨 이유로 자신만만하게 거리에 있는 모든 사람이 성인이라고 판단하고 있을까요? 양명의 말은 즉흥적으로 나온 게 아니며 어느 정도 사상적 의미가 포함되어 있습니다. 양명의 성인관은 정치적, 경제적, 사상적으로 격동의 시대인 명대 중기라는 시대적 배경에서 탄생했습니다. 당시는 개인의 주체성을 강조하는 사조가 문화와 학술을 비롯한 사회 전 영역에서 용솟음치기 시작했습니다. 이 시기에 왕양명은 활발한 강학 활동을 하며 학문의 평등화, 학술 전파의 세속화를 촉진했으며, 이런 과정을 통해 '누구나 다 성인이 될 수 있다'는 혁신적인 성인관을 제시하기에 이릅니다. 양명의 성인관은 당시는 물론이고 이후에도 후학들을 통해 급속히 전파되었으며, 이는 사회적으로 커다란 반향을 일으킵니다.

성인과 범인을 막론하고 사람은 누구나 선천적으로 양지를 지니고 있고, 그 자체로 완전한 상태입니다. 그러므로 보통 사람일지라도 열심히 노력하면 누구나 충분히 성인이 될 수 있는 것입니다. 하지만 성인이 될 가능성이 있다는 것과 실제로 성인이 되는 것에는 분명한 차이가 있습니다. 즉 자신에게 내재되어 있는 가능성을 발휘해 성인의 경지에 오르려는 노력이 중요합니다. 하지만 왕간은 자신에게 있는 양지가 이미 완벽하니 더 이상의 공부가 필요 없다고 생각했습니다. 공부를 통해 본래 모습을 회복하기를 강조한 양명은 왕간과 같이 자신만 옳다고 생각하는 안하무인격인 제자들을 결코 용납할 수 없었습니다. 이런 의미에서 양명은 "양지良知와 양능良能이 있는 것은 어리석은 사람이나 성인이나 똑같다"라고 하면서도 다른 한편으로는 "다만 성인만이 그 양지를 실현할 수 있고 어리석은 사람은 실현할 수 없으니, 이것이 성인과 어리석은 사람이 구분되는 점이다"라고 말합니다. 이런 면에서 본다면 성인과 어리석은 사람이 완전히 일치하는 것은 아닙니다.

물론 성인의 경지에 오른다고 해서 공부가 끝나는 게 아닙니다. 비록 성인이라 하더라도 시시각각 마음속에 있는 성인의 본질을 유지하지 못한다면 어리석은 상태로 타락하고 맙니다. 그러므로 성인의 경지에 올랐다고 해서 공부를 멈추는 대신, 끊임없이 수행해 또다시 어리석은 상태로 물러서지 않는 경지를 유지해야 합니다. 양명은 다음과 같이 결론짓습니다. "우리가 양지를 실현하는 것은 다만 각자의 능력이 미치는 정도에 따를 뿐이다. 오늘 양지가 이만큼 나타나 있으면 다만 오늘 아는 것에 따라서 끝까지 확충하며, 내일 또 양지가 깨달은 것이 있으면 내일 아는 것을 좇아서 끝까지 확충한다."

네 마음속에 성인이 있음을 믿어라

사람은 누구나 태어나면서 선천적으로 성인이 될 수 있는 요소를 내재하고 있습니다. 하지만 어떤 사람은 자기 자신에게 양지가 있다는 사실도 모른 채 생을 마감하고, 어떤 사람은 스스로의 믿음이 부족한 까닭에 가슴속에 내재되어 있는 자질을 매몰시키고 맙니다. 그러므로 우리에게는 선천적으로 내재된 양지를 끊임없이 발현하는 공부가 필요합니다. 이런 공부는 먼저 스스로에게 양지가 내재되어 있다는 사실을 인정하고 받아들여야 비로소 가능해집니다. 양지에 대한 끊임없는 믿음이 있어야 성인의 경지에 이를 수 있는 것이죠.

사람들은 가슴속에 각각 하나의 성인을 지니고 있다. 다만 스스로 믿지 못하기 때문에 모두 스스로 성인을 묻어버리고 말았을 뿐이다. -207조목

어떤 면에서 보면 하늘은 매우 공평합니다. 하늘은 우리가 감히 상상할 수 없을 정도의 지혜와 능력을 모든 사람에게 공평하게 부여했습니다. 각자 다른 무엇과도 비교할 수 없는 자신만의 개성과 능력을 갖춘 유일무이한 존재로, 내면에 가장 바람직한 상태로서의 자기 자신이 무궁무진하게 전개될 잠재 능력으로 자리하고 있습니다. 하지만 적지 않은 사람들이 자신에게 성인이 될 잠재 능력이 있음을 인정하지 않습니다. 자기 자신에 대한 믿음이 부족해서죠. 그래서 오히려 자신과 남을 비교함으로써 스스로에 대한 정확한 진단을 내리기 어렵게 만듭니다. 자기는 이것도 안 되고 저것도 안 된다고 생각하는 것이죠. 또한 다른 사람이 나를 어떻게 보고, 나를 어떻게 판단할지가 늘 신경 쓰입니다.

그러나 다른 사람이 우리를 어떻게 보고 어떻게 판단하느냐는 전혀 고려할 가치가 없습니다. 우리는 다만 우리 자신의 최선을 다하면 됩니다. 다만 자기 자신이 지닌 양지를 정확히 판단해 실현하는 작업이 필요할 뿐입니다. 주위를 둘러보면 자신의 단점을 극복해 장점으로 바꾼 사례가 적지 않습니다. 스포츠 분야의 예를 들자면, 160센티미터밖에 안 되는 신장으로 미국 NBA 코트를 누볐던 타이론 보그스를 꼽을 수 있습니다. 중학교 시절부터 농구에

관심을 가졌고, 고등학교 때부터 재능을 인정받은 보그스는 이후 팀의 전미 우승을 이끌어냈고 더불어 MVP에도 선정되었습니다. 사실 작은 키로 농구를 잘하기는 어렵습니다. 특히 전 세계적으로 뛰어난 선수가 모여 기량을 겨루는 NBA에서는 더욱 그렇죠. 하지만 그는 엄청난 스피드를 앞세워 신체적 약점을 극복하고 코트 위를 누볐습니다. 통산 889게임에 출전해 6726개의 어시스트를 기록했는데 이는 NBA 역사상 14위에 달하는 엄청난 기록입니다.

어떤 약점이라도 사실은 큰 문제가 되지 않는 경우가 많습니다. 우리는 다만 자신을 신뢰하고, 자신의 잠재 능력을 찾아 그것을 키우려고 노력하기만 하면 됩니다. 농구 선수를 꿈꾼다면 키가 작다고 위축될 게 아니라 충분히 할 수 있다는 믿음을 가지고 다른 선수보다 더욱 노력하면 됩니다. 세상 사람은 누구나 다 성인이 될 수 있는 잠재력을 지니고 있으며, 그 자체로 완벽한 존재입니다. 다른 사람과 비교하면서 자기 자신의 본질을 왜곡하는 것은 아무런 도움이 되지 않습니다. 다만 자신의 잠재력을 믿고 그에 따라 최선을 다하려고 노력한다면 우리 안에 내재된 성인을 충분히 발현할 수 있습니다.

인욕을 줄여 천리를 회복하는 공부

인간이 세상을 살아가면서 직면하는 고통은 대부분 지나친 탐욕에서 비롯됩니다. 탐욕은 비우기보다는 오히려 지나치게 채우려는 마음입니다. 하지만 채우기만 하고 비우지 않으면 우리 존재의 존립 자체가 어려워질 수 있습니다. 세상을 살아가는 데 가장 필요한 것은 돈도 아니고 권력도 아닐 겁니다. 금전적 풍요나 사회적 권력보다 중요한 것은 내면의 평정과 즐거움 아닐까요.

내면의 즐거움을 누리는 방법이라고 생각하면 언뜻 어려울 것 같지만 꼭 그렇지만은 않습니다. 즐거움을 누리는 데 꼭 돈이나 권력이 필요한 건 아닙니다. 즐거움 자체는 외부에서 오는 것이 아니라 내 마음에서 연유하기 때문이죠. 돈과 권력이 일시적으로 사람들의 탐욕이나 허영을 채워줄지는 몰라도 대부분의 사람은 그 유혹에 빠져 허우적거릴 뿐이며, 이를 적절하게 처리할 수 있는 사람은 드뭅니다.

학문을 하면 나날이 채워나가게 되고, 도를 깨우치면 나날이 버리게 됩니다. 학문함이 날마다 지식과 재능을 늘려가는 과정이라 한다면, 도를 행함은 도리어 나날이 탐욕을 줄여나가는 과정입니다. 양명은 학문 탐구가 도덕 수준을 높이는 필요조건은 아니며, 오히려 지식이 많아지면 많아질수록 탐욕이 자라난다고 보았습니다.

우리의 공부는 오직 나날이 줄어드는 것을 추구하지, 나날이 늘어나는 것을 추구하지 않는다. 한 푼의 인욕을 줄일 수 있다면 곧 한 푼의 천리를 회복할 수 있다. 얼마나 경쾌하고 깨끗한가!

얼마나 간단하고 쉬운가! −99조목

이 구절은 노자 《도덕경》의 "배움이란 나날이 보태는 것이고, 도를 행함은 나날이 덜어내는 것이다. 덜어내고 또 덜어내면 무위의 경지에 이른다"라는 말과 맞닿아 있습니다. 탐욕을 하나하나 줄여나가 마침내 거의 사라지는 단계에 이르면 자연히 순리를 따를 수 있습니다. 이런 경지야말로 노자가 말한 "인위적으로 함이 없으나 무엇이든 이루어지지 않는 것이 없는" 경지이고, 공자가 말하는 "내 마음이 하고자 하는 대로 해도 법도에 어긋나지 않는" 대자유의 경지입니다. 이런 경지에 이르면 한마디 말이나 생각 또는 행동이 모두 때와 장소에 들어맞습니다.

그렇다면 인욕을 줄이는 것과 천리를 회복하는 것은 어떤 관계일까요? 사람의 마음은 원래 맑고 밝으나 일단 욕망에 의해 가로막히면 본래 모습을 잃고 어두워집니다. 욕망이 한 겹 한 겹 쌓임에 따라 마침내 자기 자신이 누구인지조차도 알아볼 수 없는 지경에 이르죠. 이런 상황에서 무언가를 제대로 판단할 수 있을까요?

성인이 성인인 까닭은 오직 그 마음이 순수해 인욕이 없기 때문입니다. 따라서 성인이 되는 일은 마음의 인욕을 없애는 데 달려 있습니다. 인욕을 줄이는 공부가 다름 아닌 천리를 회복하는 공부일 따름입니다.

우리의 공부는 오직 나날이 줄어드는 것을 추구하지,
나날이 늘어나는 것을 추구하지 않는다.

학문은 한 사람에게 달려 있다

일반적으로 종교는 기독교의 하나님이나 불교의 석가 등과 같은 신을 숭배 대상으로 삼습니다. 이에 비해 중국은 종교적인 전통이 그리 깊지 않습니다. 다만 유학이 이런 종교적 정신 신앙을 대신해왔다고 볼 수 있죠. 그러나 유학은 예로부터 "공자는 괴력난신怪力亂神을 거론하지 않았다"라는 전통에 근거해 현실을 중시하는 경향을 띱니다. 여기서 말하는 괴력난신이란 정상적이지 않고 기이한 것, 올바르지 못하게 힘을 쓰는 것, 도리를 어그러뜨려 혼란스러운 것, 신비한 것 등 일상과 거리가 있는 요소입니다. 그래서 유학에서는 다른 종교와 달리 현세에서 도덕 수양을 통해 지극한 경지에 오른 성인이 신의 자리를 대신합니다. 또한 성인의 도덕적 가르침을 통해 백성을 교화하고 선량한 풍속을 만들어 이상적인 사회, 즉 대동사회를 이룰 수 있다고 굳게 믿고 있죠.

성인은 자기 수양을 통해 사회를 이상적인 상태로 이끌어나갈 수 있는 유일한 존재입니다. 성인이 짊어진 사명이 중대하기는 하지만 중국 역사를 통해 성인이라고 부를 수 있는 사람은 열 손가락 안에 듭니다. 보통 유학의 도통론에서 언급하는 요, 순, 우, 탕, 문, 무, 주공, 공자가 그들이죠. 그 가운데서도 공자는 대부분의 사람이 이견 없이 받아들이는 성인 중의 성인입니다.

공자의 학설은 비록 그의 생전에는 그리 환영받지 못했지만, 이후 시대를 뛰어넘는 보편성과 진실성을 확보해 '뒷날의 성인을 기다려 물어보더라도 의혹이 없는' 경지에 이르렀고, 오늘날까지도 여전히 그 학맥이 유지되고 있습니다. 일찍이 공자는 모든 사람에게 차별 없는 교육 혜택을 베풀려고 노력했습니다. 그 결과 공자의 제자 또는 문인 가운데 시, 서, 예, 악을 익힌 이가 3천 명에 달했고, 육예에 능통한 자가 72명에 이르렀죠. 특히 유명한 제자로는 자로, 염유, 유약, 안회, 중궁, 자공, 자하, 자유, 증자 등이 손꼽힙니다. 그중에서도 공자의 마음을 사로잡은 제자가 안회입니다.

중국에는 고대로부터 "성인의 학문은 한 사람의 존망에 달려 있다"라는 전통 관념이 있습니다. 안회는 공자의 제자 가운데 가장 나이가 많은 것은 아니었지만 덕행이나 호학好學 방면에서 누구보다 뛰어나 공자의 기대와 관심을 한 몸에 받았습니다. 하지만 불행하게도 안회는 건강상의 이유로 서른둘이라는 젊은 나이에 일찍 세상을 떠나고 맙니다. 안회의 사망 소식을 접한 공자는 몹시 상심했죠. 원래 안회가 자신의 도통을 이어받기를 바랐기 때문입니다.

양명에게도 안회와 같은 제자가 있었습니다. 역시 안회와 마찬가지로 젊은 나이에 죽음을 맞이하는데, 그가 바로 서애입니다. 양명은 종종 서애를 안회에 비유하곤 했는데, 그의 이런 비유가 하늘의 미움을 받아서였을까요. 서애는 서른이라는 젊은 나이에 세상을 뜨고 말았습니다. 유학의 발전 과정에서 볼 때 안회와 서애의 죽음은 그 무엇으로도 대신할 수 없는 커다란 손실이라 할 수 있습니다.

안연이 죽자 성인의 학문이 없어졌다. −77조목

양명은 "안연이 죽자 성인의 학문이 없어졌다"고 말하는데, 여기서 말하는 성인의 학문이란 다름 아닌 심학心學이자 인학人學입니다. 심학이나 인학은 언어를 통해 설명할 수 없습니다. 마음과 마음을 통해 이어지는 까닭에 사람이 있으면 학문이 있고, 사람이 죽으면 학문도 사라지게 됩니다. 또 언어나 이성적 사유를 통해 전수되는 것이 아니라, 오직 자기 성찰이라는 수양을 통해 이루어질 뿐입니다. 그러므로 양명은 이렇게 말합니다. "도의 전체는 성인 역시 사람들에게 말해주기 어렵다. 반드시 학문하는 사람들이 스스로 닦고 스스로 깨우쳐야 한다."

공자의 제자 가운데 스스로 닦고 스스로 깨우치는 과정을 통해 스승이 전수한 도의 내용을 완전하게 이해하고 이를 실생활에 활용한 이가 바로 안연, 즉 안회입니다. 하지만 사실 공자는 애초에는 안연을 탐탁하게 생각하지 않았습니다. 공자는 평소 가르칠 때 학생들이 의문을 제기하는 것을 매우 좋아했죠. 질문을 통해 문제의 본질에 한층 더 가까이 다가갈 수 있을 뿐만 아니라 그들에게 보다 명확한 답을 줄 수 있기 때문이었습니다.

공자는 일찍이 안연과 하루 종일 이야기한 적이 있는데, 이때 안회는 어떤 질문도 하지 않았습니다. 그러자 공자는 안회가 "내

말을 조금도 거스르지 않아 마치 어리석은 사람과 같았다"고 했습니다. 그러나 공자는 나중에 안회가 수업이 끝난 뒤 배운 바를 철저하게 이해할 뿐만 아니라 실제 생활에 응용해 점차적으로 자기 수준을 향상시키고 있음을 알게 되었습니다. 안회가 공자에게 질문하지 않았던 이유는 그가 매우 총명해 스승이 말한 바를 모두 이해했기 때문입니다. 그러므로 공자는 나중에 "안회는 끊임없이 나아갈 뿐 멈추는 것을 본 적이 없다"고 했죠.

젊은이에게 가장 중요한 것은 배움을 통해 부단히 진보하고 성장하는 것입니다. 공자는 뒤에 난 사람을 두려워할 만하다고 하여 젊은 후학을 경외의 대상으로 삼았습니다. 젊은이는 하루하루 진보해 장래에는 현세대를 뛰어넘을 수 있는 가능성을 갖고 있기 때문이죠.

양명은 공자의 제자 가운데 성인의 도를 완전하게 깨달은 사람은 오직 안연뿐이라고 생각했습니다. 그리고 그런 안연이 죽자 학문의 올바른 맥이 마침내 완전히 전해지지 못하게 되었다고 탄식했죠. 안연의 죽음에 대한 탄식은 다름 아닌 서애의 죽음에 대한 탄식이었던 셈입니다. 그의 죽음으로 말미암아 자신의 도통이 후대에 이어지지 못할 것이라 생각하고 그 안타까운 심정을 토로하고 있는 것이죠.

어떻게 하면 성인이 될 수 있는가

제 3 장

格
物
致
知

마음으로 얻는 학문

중국 사상계에서 진한 이후의 학문은 기본적으로 해석학에 속합니다. 누가 해석을 잘하느냐에 따라 그에 맞는 권위를 지니고, 이런 권위가 고정되어왔죠. 그러다 보니 무엇이 옳고 그른지 분별함이 없이 오로지 권위에 얽매어 불합리한 줄도 모르고 맹목적으로 따르기에 이르렀습니다.

왕양명 당시에 가장 권위 있는 학문은 다름 아닌 주자학이었고, 과거시험의 주제 역시 주자학을 벗어나지 않았습니다. 영락제 때에 이르러서는 정부 차원에서 황제가 친히 《사서대전》《오경대전》《성리대전》을 지정해 유가 경전을 해석할 때 오로지 정주程朱의 이론을 표준으로 삼도록 규정했죠. 유생들이 새로운 해석을 시도하는 것은 허용되지 않았고, 이는 곧 답안 작성의 표준화와 경전 이해의 정통성에만 몰두하는 결과를 불러왔습니다. 명나라는 정주학파를 이용해 군주의 권위를 확고히 다지려 했습니다. 권위에 대해서는 어떤 이성적인 평가도 허용되지 않았죠. 그저 맹신과 순종이 요구될 뿐이었습니다.

무릇 학문은 마음에서 얻는 것을 귀하게 여긴다. —173조목

이런 상황에서 왕양명은 정이천과 정명도를 비롯해 주자와 육상산의 학문 등 이른바 송유宋儒의 이학理學을 흡수했으며, 이 가운데 자신이 잘못되었다고 생각한 부분에 새로운 의견을 제시했습니다. 《대학》 해석을 둘러싼 양명의 주자 부정이 바로 그것입니다. 유가의 전통과 경전의 권위에 맞선 대담한 도전이라 할 수 있죠. 양명의 주자 부정은 다름 아닌 '학문은 마음에서 얻는 것을 귀하게 여긴다'는 데서 출발합니다. 시비선악의 판단 기준이 외부가 아니라 마음에 있다는 의미입니다. 마음에 비추어 그르다고 여긴다면, 비록 그 말이 공자 같은 성인에게 나왔어도 옳다고 할 수 없습니다. 반면에 마음에 비추어 옳다고 여긴다면, 그 말이 비록 지극히 평범한 사람에게 나왔다 하더라도 그르다고 여길 수 없습니다.

양명이 보기에 주자는 《대학》의 내용을 사사로이 개정하고 보충하고 편집했습니다. 《대학》은 본래 《예기》에 실려 있던 한 편의 글이었습니다. 주자는 《대학》을 《예기》에서 따로 분리해 장과 구로 구분하고 문장의 순서를 재배치했죠. 이런 과정을 거쳐 탄생

한 대학을 개본 《대학》이라 하고, 원래 《예기》에 실려 있던 대학을 고본 《대학》이라 합니다. 고본 《대학》은 수천 년에 걸쳐 공자 문하에서 전해 내려온 옛날 판본입니다. 주자는 거기에 빠지고 잘못된 내용이 있다고 의심해 글을 편집했는데, 양명은 고본 《대학》 자체에는 본래 빠지고 잘못된 것이 없기 때문에 문장을 고칠 필요가 없을 뿐만 아니라 장구를 다시 편찬할 필요도 없다고 생각했습니다. 양명이 주자의 개본 《대학》을 부정하고 고본 《대학》을 따르는 입장을 취하는 것은 주희의 격물치지에 관한 해석에 수긍하지 못해서입니다.

학문은 어느 한 사람을 위한 사사로운 학문이 아닌 천하의 학문으로, 공자나 주자라 할지라도 사사로이 행할 수 없습니다. 특히 요즘 같은 개방화 시대에 어떤 학문이나 지식을 독점화한다는 발상은 가능하지도 않습니다. 학문이나 지식은 새로운 사실이 밝혀지면 그에 따라 바뀌고, 이런 반성과 수정 작업을 거쳐 새롭게 발전해나갑니다. 그러므로 전통적으로 오랫동안 전해 내려온다고 해서 그것이 절대적으로 옳다는 믿음은 경계해야 하며, 권위에 대한 맹신 역시 곤란합니다.

권위는 신뢰와 존경에 뿌리를 둡니다. 마냥 힘을 과시한다고 얻을 수 있는 게 아닙니다. 진정한 권위는 누군가를 물리적으로 압도해 부릴 수 있는 힘이나 능력으로부터 생기지 않고, 신뢰와 존경을 토대로 자연스럽게 부여될 뿐입니다. 권위에 대해 어떤 이성적인 평가도 허용하지 않고 그저 철저한 맹신과 순종을 강요당하는 오늘날의 분위기가 참으로 개탄스러울 뿐입니다.

행위를 바르게 하다

크고 작은 차이는 있을지라도 우리는 누구나 예외 없이 잘못을 저지르며 살아가고 있습니다. 공자 같은 성인도 마찬가지였죠. 다만 그는 자신이 실수할 때 다른 사람이 그것을 지적하면 기쁜 마음으로 그 잘못을 바로잡고자 했습니다. 그러므로 우리 같은 보통 사람이 세상을 살아가면서 잘못을 저지르는 것 또한 극히 자연스러운 일이라 하겠습니다. 중요한 것은 같은 잘못을 두 번 다시 저지르지 않으려는 노력입니다. 자신의 잘못을 알고 그것을 고치려고 노력하는 모습만큼 아름다운 것은 없겠죠.

고대 사회의 통치자인 군주나 황제 등도 잘못을 범했을까요? 물론입니다. 그들도 사람인 이상 잘못을 저지르지 않을 수 없었습니다. 개개인의 잘못은 그 피해가 자신이나 주위 사람에게만 이르지만, 군주나 황제가 잘못을 저지르면 그 피해가 나라 전체, 백성 전체에 미칠 수 있습니다. 그러므로 군주를 보필하는 신하는 마땅히 군주의 잘못을 지적해 군주가 잘못을 고칠 수 있도록 도와야 합니다. 그 중요성을 맹자는 다음과 같이 말합니다. "대인이어야 군주의 나쁜 마음을 바로잡을 수 있으니, 군주가 인해지면 모든 일이 인하지 않음이 없고, 군주가 의로워지면 모든 일이 의롭지 않음이 없으며, 군주가 바르게 되면 모든 일이 바르지 않음이 없다. 한번 군주의 마음이 바르게 되면 나라가 안정된다." 양명은 이 견해를 이어받아 《대학》의 '격물格物' 개념을 '마음을 바로잡는다'는 의미로 해석합니다.

> 격물의 격은 《맹자》에서 "대인이 임금의 마음을 바로잡는다"고 말할 때의 '격'과 같은 것으로, 마음의 바르지 못함을 제거해 그 본체의 바름을 온전히 하는 것이다. −7조목

격물이란 개념은 주자학과 양명학에서 빠뜨릴 수 없는 중요한 공부법 가운데 하나입니다. 격물의 '격' 자에 대한 견해 가운데 가장 일반적으로 통용되는 의미는 '오다來' 또는 '이르다至'입니다. 주자의 격물설은 "나무 한 그루와 풀 한 포기에도 그 나름의 이치가 있으니 그 이치를 끝까지 궁구해야 한다"는 것이죠. 즉 각각의 물에는 고유한 이치가 있으므로 이를 하나하나 꾸준히 탐구해나가면 어느 순간 깨달음에 이르게 된다는 뜻입니다. 양명은 이런 해석에 이의를 제기하면서 "만약 '지至' 자로 뜻을 삼는다면 반드시 '사물의 이치를 궁구해 이른다'고 말해야만 그 주장이 비로소 통하게 된다"라고 했습니다. 양명은 이런 해석이 《대학》의 격물설과는 전혀 부합하지 않음을 지적합니다. 양명은 말합니다. "선대의 유학자들이 격물을 '천하의 사물을 궁구하는 것'으로 해석했는데, 천하의 사물을 어떻게 궁구할 수 있겠는가? 또 '한 포기의 풀과 한

그루의 나무에도 모두 이치가 있다'고 했는데, 이를 어떻게 궁구하겠는가? 나는 '격'을 바로잡는다는 '정正' 자의 의미로, '물'을 일이라는 '사事'의 의미로 풀이한다."

어린 시절 성인이 되고자 하는 원대한 뜻을 세워 공부하던 양명에게 당시 주자의 격물설이 사상적 근거가 되었음은 두말할 필요도 없습니다. 양명은 어느 날 아버지가 부임해 있던 수도 북경의 관서에서 주자의 격물설에 근거해 친구와 함께 대나무의 이치를 탐구하는 작업에 착수합니다. 그러나 그의 친구는 사흘 만에 포기하고 말았고, 호기롭게 대나무의 이치를 궁구하고자 했던 양명 역시 이레 만에 힘에 부쳐 드러눕고 말았습니다. 대나무의 이치를 궁구하는 격물 공부를 통해 성인의 길로 나아갈 수 있다고 믿었지만 끝내 실패하고 말았던 것입니다.

그 결과 양명은 주자 학설에 대한 회의와 함께 자신은 성인이 되기에 부족하다는 좌절감에 휩싸입니다. 양명은 정신적 방황을 거듭하며 불가와 도가 사상에 빠져들죠. 하지만 이후 불가와 도가에 깃든 출세간적 요소를 발견하고 다시 유가로 복귀합니다. 물론 이때의 복귀는 단순히 주자학으로의 회귀가 아니라 주자학과 구별되는 새로운 학설을 주창함을 가리킵니다.

결국 양명은 용장에서 얻은 큰 깨달음을 통해 주자학의 격물설에 대한 회의를 해소하고 자신만의 독특한 이론을 주장하기에 이릅니다. "이른바 격물 운운하는 주자의 학설은 사물에 나아가 그 이치를 궁구하는 데 있다. 사물에 나아가 이치를 궁구한다는 것은 각각의 개별적 사물에서 이른바 정해진 이치를 구하는 것이다. 이것은 내 마음을 사용해 각각의 개별적 사물에서 이치를 구하는 것으로, 마음과 이치를 둘로 나누는 것이다."

그렇다면 양명이 본 이치는 어디에 있을까요? 양명은 말합니다. "이치는 내 마음에 있다"고. 이치는 외부의 사물이 아니라 내 마음속에 내재되어 있습니다. 그러므로 내 마음 바깥에서 무엇을 구하려는 행동은 시작부터 잘못되었죠. 양명이 바라본 격물의 의미는 '물'을 바르게 하는 것입니다.

양명이 말하는 '물'이란 구체적으로 무엇을 가리키고, 바르게 한다는 것은 또한 어떤 상태를 의미할까요? 일반적으로 '물'이란 물질을 가리키고, 의식으로부터 독립된 객관적 실재라는 의미를 지니고 있습니다. 곧 '물'이란 사람의 존재 여부와 관계없이 객관적으로 존재합니다. 하지만 양명이 말하는 '물'이란 외부에 객관적으로 존재하는 사물이 아니라 나의 의식이 상대하는 대상, 나의 의식과 관계하는 대상으로서 하나의 일, 그러니까 행위 자체를 의미합니다.

만약 어버이에게 효도하고 임금을 섬기는 행위 자체가 나의 마음에서 우러나온 게 아니라 어버이와 임금이라는 대상이 있어 행하는 것이라면, 이런 행위는 어버이와 임금이라는 대상이 사라지면 마찬가지로 사라져야 하는 게 당연합니다. 하지만 어버이와 임금이 없어진다고 해서 그들을 효도하고 섬기는 마음 자체가 사라지는 건 아닙니다. 어버이와 임금 자체가 '물'이 아니라 효도하고 섬기려는 내 마음이 발현해 실제로 행해지는 효도와 섬기는 행위가 '물'입니다. 이런 의미에서 양명은 '마음 밖에 이치가 없으며, 마음 밖에 사물이 없다'고 말한 것이죠.

다음으로 '격' 자의 의미에 대한 양명의 해석을 살펴보도록 하겠습니다. 양명은 격물의 '격'을 《맹자》에서 '대인이 임금의 마음을 바로잡는다'고 할 때의 '격' 자와 같은 의미로 파악합니다. '격'에는 '바로잡는다'는 의미가 있습니다. 다시 말해 '격'이란 주자와 같이 외부 사물에 대한 이치를 궁구해나가는 것이 아니라, 내 마음의 발현 상태인 의념이 관계하고 있는 일에서 바르지 못한 의념을 바로잡아 본체의 바름을 온전히 하는 것입니다. 내 마음의 본체는 본래 바르고 지극히 선합니다. 하지만 마음이 발현된 상태인 의념에는 선과 악이 공존합니다. 의념이 마음의 본래 모습대로 발현된다면 선으로 표현되지만, 사욕이나 물욕 같은 외부 요소로 말미암아 악이 깃들 수 있기 때문이죠. 그러므로 양명은 의념에는 선과 악이 있을 수 있다고 말합니다.

그렇다면 마음의 본래 모습을 유지하거나 본래 모습을 되찾기 위해서는 어떤 공부가 필요할까요? 한편으로는 본래 바르고 지극히 선한 마음의 본체를 잘 유지해나가는 공부가 필요하고, 다른 한편으로는 바르지 못한 의념을 바로잡아 본체의 바름을 온전히 하려는 공부가 필요하겠죠. 이것이 바로 선을 행하고 악을 제거하는 위선거악 공부이자 격물 공부인 셈이죠.

이런 공부는 철저한 자아 인식과 반성에서 시작됩니다. 외부

무릇 이치는 내 마음에 있다.

에서 구할 수 있는 것이 아니라 내 마음을 다스리는 공부이니만큼, 나 자신의 현재 모습을 있는 그대로 객관적으로 바라볼 수 있는 시각과 이를 바탕으로 자신의 잘잘못을 정확하게 파악하려는 자세가 요구됩니다.

남에게는 엄격한 잣대를 세워 타인을 판단하는 반면 자신에게는 한없이 너그러운 사람이 있는가 하면, 타인은 너그럽게 대하면서도 자기에게는 엄격한 잣대를 내세우는 사람이 있습니다. 둘 중 어느 쪽을 택하느냐의 문제 또한 오로지 자기 자신에게 달려 있습니다. 만약 자기 자신이 잘못되었음을 알고도 그 사실을 부정하거나 회피하고, 또는 자신의 잘못을 외부 탓으로 돌린다면, 자기 자신의 발전은 물론이고 올바르고 바람직한 관계 맺음도 불가능하겠죠.

공부는 하나다

무릇 이치는 안과 밖이 없고, 본성도 안과 밖이 없으므로 공부에도 안과 밖이 있을 수 없습니다. 양명이 보기에 치지와 격물은 하나의 공부입니다. 치지와 격물만 하나가 아니라 정심과 성의 또한 마찬가지입니다. 격물이란 마음의 사물을 바로잡고, 의념의 사물을 바로잡고, 앎의 사물을 바로잡는 것입니다. 또한 정심이란 사물의 마음을 바르게 하고, 성의란 사물의 의념을 성실하게 하며,

치지란 사물의 양지를 실현하는 것입니다. 여기에 어찌 안과 밖, 저것과 이것의 구분이 있을까요?

치지는 내 마음의 본래 모습을 실현하는 것입니다. 내 마음의 본래 모습은 지극히 선한 상태의 천리입니다. 그러므로 치지는 내 마음의 양지인 천리의 본래 모습을 각각의 사물에 실현하는 것입니다. 여기서 말하는 각각의 사물이란 외부 사물이 아니라 내 마음의 발현 상태인 의념이 관련하고 있는 대상으로서의 행위를 가리킵니다.

어버이에게 효도하려는 마음에서 비롯해 실제로 어버이에게 효도하는 행위를 실행했을 때, 이런 상태가 바로 내 마음의 양지를 사물에 실현한 것입니다. 그 결과 사물이 모두 이치를 얻게 되는데, 이때 '사물이 모두 이치를 얻게 된다'는 것은 내 마음의 양지를 각각의 상황에 맞추어 행동하면 사물이 바르지 못한 상태에서 바른 상태로 바뀐다는 의미입니다.

양지에 따라서 어떤 행위를 하면 그 행위 자체가 바르게 됩니다. 어버이를 뵈면 자연히 효도할 줄 알고 우물에 빠진 어린아이를 보면 자연히 불쌍히 여길 줄 압니다. 하지만 사사로운 뜻에 막혀 양지의 본래 모습이 제대로 발현하지 못한다면 행위 자체가 바르지 않게 됩니다. 이 경우 사사로움을 이기고 천리를 회복하는, 다시 말해 사물의 이치를 얻는 격물 공부가 필요해집니다.

양명은 젊은 시절 주자학을 흠모해 격물 공부에서도 주자의 방법을 따라 실천했습니다. 지식을 획득하기 위해서는 반드시 주자의 격물설에 근거해야 한다고 생각해, 주자의 격물 방법을 흉내 내 정원 앞에 있는 대나무의 이치를 탐구했습니다. 하지만 그러고도 대나무의 이치를 얻지 못했을 뿐 아니라 여러 날에 거친 공부를 통해 병을 얻는 지경에 이르렀습니다. 그 후 정신적으로 방황한 양명은 용장에서 깨달음을 얻고 마침내 격물 공부는 자신의 마음을 통해서만 가능하다는 점을 깨닫습니다.

> 내가 말하는 치지격물은 내 마음의 양지를 각각의 사물에 실현하는 것이다. 내 마음의 양지가 바로 이른바 천리다. 내 마음 양지의 천리를 각각의 사물에 실현하면 각각의 사물이 모두 그 이치를 얻게 된다. 내 마음의 양지를 실현하는 것이 치지이고, 각각의 사물이 모두 그 이치를 얻는 것이 격물이다. 이것은 마음과 이치가 합해 하나가 되는 것이다. −135조목

이런 일련의 과정에서 알 수 있는 사실은 무엇일까요. 양명은 격물이 외부 사물에서 이치를 궁구하는 것이라 생각하지 않았습니다. 오로지 자기 자신에게 돌이켜 내 마음과 관련된 행위를 바르게 하는 것이라 결론짓고 있습니다.

양명은 말년에 이르러 치양지설致良知設을 제시하기에 이르며, 이후 치양지설을 중심으로 격물을 새롭게 해석해냅니다. 즉 '격'을 '바르게 하는' 것으로, '물'을 내 마음이 발현한 상태로서의 의념이 관계하는 일로 규정짓습니다. 또한 '치지'를 '치양지'라 해 '치'는

선천적으로 내 마음에 내재하고 있는 양지를 확충해나가는 것으로, '지'는 일반적인 지식이 아니라 도덕 양지로 이해합니다.

이런 과정을 통해 격물치지는 도덕 실천의 문제로 전환됩니다. 주자가 말한 '사물에 나아가 이치를 궁구'하는 격물설은 사실 각각의 개별적 사물에서 정해진 이치를 구하는 방법입니다. 양명은 이런 주자의 방법이 마음과 이치를 둘로 나눈다고 비판합니다. 나아가 "내가 말하는 치지격물은 내 마음의 양지를 각각의 사물에 실현하는 것이다"라고 해 주자와는 다른 해석을 내놓습니다. 이는 양명 말년에 《대학》 원전에 대해 내놓은 해석 가운데 가장 전형적인 것이라 하겠습니다. 또한 구체적으로 "내 마음의 양지를 실현하는 것이 치지이고, 각각의 사물이 모두 그 이치를 얻는 것이 격물이다. 즉 마음과 이치가 합해 하나가 되는 것이다"라고 결론짓습니다.

양명이 말하는 격물치지는 오직 치양지致良知와 심즉리心即理와의 연계를 통해서만 정확히 이해할 수 있습니다. 치지는 치양지이고, 격물은 내 마음의 양지를 각각의 사물에 실현하는 것입니다. 결국 격물치지의 전체 과정을 일관하는 것은 치양지입니다. 또한 《대학》 팔조목 가운데 내성內聖 공부의 조목으로 일컬어지는 격물, 치지, 성의, 정심, 수신 역시 치양지 공부로 귀결됩니다.

구체적으로 말하자면, 몸의 주재가 마음이고, 마음이 발동한 것이 의념이며, 의념의 본체가 양지이고, 의념이 있는 바가 물입니다. 그러므로 몸을 닦는 것은 그 마음을 바르게 하는 데 있지만,

마음의 본체는 본래 바르지 않음이 없어서 본체에서는 공부에 힘쓸 데가 없습니다. 반드시 마음이 발동한 곳에서 힘써야 합니다. 이것이 이른바 '그 마음을 바르게 하고자 함이 뜻을 참되게 함에 있는 것'입니다. 그러나 뜻을 참되게 하는 근본은 또한 치지에 있으니, 양지는 의념의 본체인 까닭입니다. 만약 양지를 끝까지 확충할 수 없다면 어떻게 뜻이 참될 수 있을까요? 그러므로 치지는 뜻을 참되게 하는 근본입니다. 공허한 치지가 아니라 실제의 일에서 바르지 않은 부분을 바로잡아 올바름으로 돌아가게 하는 것입니다. 이와 같으면 내 마음의 양지가 사욕에 가려지지 않고 지극함을 이룰 수 있습니다. 즉 뜻을 참되게 하는 공부가 실제로 행해지는 곳은 격물에 있습니다. 그러므로 양명은 말합니다. "격물이란《대학》이 실제로 착수하는 곳으로, 철두철미해 처음 배우는 사람부터 성인에 이르기까지 다만 그 공부일 뿐이다."

만약 이런 순서에 따라 격물, 치지, 성의, 정심, 수신 공부를 양지로 관통해나간다면 사람마다 모두 요순과 같은 성인의 경지에 오를 수 있는 것입니다.

내

마

음

에

있

는

것

———————

제

4

장

心
即
理

마음이 없으면 몸이 없다

유가 경전 가운데 몸과 마음의 관계를 언급하는 책으로 《대학》을
꼽을 수 있습니다. 《대학》에서는 국가와 천하를 경영하는 방법으
로 팔조목을 제시하는데, 그 항목은 정심, 성의, 치지, 격물, 수
신, 제가, 치국, 평천하입니다. 이 가운데 수신과 정심 항목에서
몸과 마음의 관계를 다루죠.

양명은 말년에 〈대학문〉이라는 글을 통해 《대학》에 대한 철학
적 견해를 최종적으로 정리하면서 몸과 마음, 수신과 정심의 관계
를 설명합니다. "무엇을 몸이라고 하는가? 마음의 형체 운용을 말
한다. 무엇을 마음이라고 하는가? 몸의 영명한 주재를 말한다. 무
엇을 수신이라 하는가? 선을 행하고 악을 제거함을 말한다. 내 몸
이 스스로 선을 행하고 악을 제거할 수 있는가? 반드시 그 영명한
주재자가 선을 행하고 악을 제거한 뒤에야 그 형체를 운용하는 자

가 비로소 선을 행하고 악을 제거할 수 있다. 그러므로 몸을 닦고 자 하면 반드시 먼저 마음을 바르게 해야 한다."

《대학》이나 〈대학문〉에서 말하는 수신이란 단순히 육체적인 의미의 신체 단련이 아니라 도덕적 수양을 의미합니다. 수신하기 위해서는 정심, 성의, 치지, 격물 공부가 필요합니다. 수신은 마음을 바르게 하는 데서 시작하고, 마음을 바르게 하려면 뜻을 정성스럽게 해야 합니다. 뜻을 정성스럽게 하는 성의는 앎을 지극히 하는 치지를 통해 가능한데, 치지하기 위해서는 격물, 즉 사물의 이치를 치밀하게 파악해야 합니다. 다시 말해 격물, 치지, 성의, 정심 공부가 수신할 때 필요한 구체적 내용입니다.

수신이 지향하는 바는 단순히 신체적인 단련을 통해 병을 제거해 수명을 연장하거나 불로장생하는 데 있지 않으며, 도덕 수양을 부단히 축적하는 것을 전제로 합니다. 다만 유가에서도 인정하는 점이 있는데, 우리 신체는 정신과 분리된 게 아니라 의식을 이루는 구성 요소라는 사실입니다. 곧 몸과 마음은 하나의 전체적 체계라는 뜻이죠.

《대학》에서는 마음의 주재성에 대해 "마음이 없으면 보아도 보이지 않고, 들어도 들리지 않으며, 먹어도 그 맛을 모른다"라고 말합니다. 양명 또한 유가의 전통적 견해에 따라 몸과 마음의 관계를 두고 '마음은 몸의 주재'라고 표현합니다. "보고 듣고 말하고 움직이는 것이 모두 너의 마음이다. 네 마음이 보는 것이 눈을 통해 실현되고, 네 마음이 듣는 것이 귀를 통해 실현되며, 네 마음이 말하는 것이 입을 통해 실현되고, 네 마음이 움직이는 것이 사지를 통해 실현된다. 만약 네 마음이 없다면 이목구비도 없다." 이른바 마음이 몸을 주재해 보고 듣고 말하고 행동할 수 있게 만들어줍니다. 즉 마음은 아픔이나 가려움을 느끼는 감각 기관이나 지각 자체가 아니라, 보고 듣는 일체 감각 기관의 지각 작용이 가능한 근거입니다. 이런 마음은 단순히 신체의 피와 살을 구성하는 한 덩어리의 심장을 가리키는 것이 아니라 내 마음속에 존재하는 본성 혹은 천리를 의미합니다.

양명은 용장에서의 깨달음 이후에 심즉리설心即理說을 제시하는데, 그가 말하는 마음 가운데의 본성 혹은 천리는 사실 본심과 같습니다. 이와 마찬가지로 양명은 말년에 이르러 치양지설을 제시한 뒤에 또한 경계하고 삼가며 두려워할 수 있는 근거를 마음의 본체인 양지라고 말합니다. 여기서 본심과 양지가 같은 의미로 쓰이고 있음은 두말할 필요도 없습니다.

본심은 사람의 본질을 구성하는 성性 혹은 이理이며, 이는 또한 마음의 본체라고 일컬어집니다. 본심은 또한 진정한 자기眞己이며, 이런 '진기'가 우리 몸을 주재합니다. 사람의 일체 행위와 동작이 모두 진기에 의해 주재됩니다. 이런 의미에서 진기가 있으면 생명을 유지할 수 있고, 진기가 없으면 생명을 잃죠. 하지만 마음은 또한 눈을 통해 보고, 귀를 통해 듣고, 입을 통해 말하고, 코를 통해 냄새 맡고, 사지를 통해 움직입니다. 만약 신체가 없다면 마음의 활동 또한 이루어질 리 없겠죠. "귀와 눈과 입과 코와 사지는 몸이지만 마음이 아니라면 어떻게 보고 듣고 말하고 움직일 수 있겠는 가? 마음이 보고 듣고 말하고 움직이고자 하더라도 귀와 눈과 입 과 코와 사지가 없다면 역시 불가능하다."

마음이 없다면 몸도 없고 몸이 없으면 마음도 없다. −201조목

몸과 마음은 서로 영향을 줍니다. 마음은 우리 육체가 보고 듣 고 말하고 행동할 수 있게 해주며, 또한 육체를 통해 자신을 드러 내기도 합니다. 다시 말해 마음은 육체를 통해 자신을 드러내고, 육체는 마음의 주재 기능을 통해 작용합니다. 그래서 양명은 이런 마음과 몸의 불가분적 관계에 대해 "마음이 없다면 몸도 없고, 몸 이 없다면 마음도 없다"고 결론짓는 것이죠.

지각하는 곳이 바로 마음이다

마음은 구체적인 피와 살과는 다릅니다. 만약 마음이 한 덩어리의 피와 살이라면, 이미 죽은 사람도 여전히 피와 살을 가지고 있는 데, 왜 보고 듣고 말하고 행동할 수 없을까요? 무릇 지각하는 주 체가 바로 마음입니다. 지각 주체로서의 마음이 보고 듣고 말하고 행동할 수 있는 지각 작용을 가능하게 하죠. 그러므로 만약 마음 이 없다면 일체 감각 기관의 지각 작용이 일어날 수 없습니다.

양명은 이렇게 말합니다. "《대학》에서 말하는 몸은 곧 귀, 눈, 입, 코와 사지다. 마음이란 몸을 주재하는 것이다. 눈이 비록 보지만 실제로 보게 하는 것은 마음이고, 귀가 비록 듣지만 실제로 듣게 하는 것은 마음이며, 입과 사지가 비록 말하고 움직이지만 실제로 말하고 움직이게 하는 것은 마음이다. 주재하는 것이 일단 바르기만 하면, 그것이 눈에 드러나서 저절로 예가 아닌 것을 보지 않게 되고, 귀에 드러나서 저절로 예가 아닌 것을 듣지 않게 되며, 입과 사지에 드러나서 저절로 예가 아닌 말과 행동을 하지 않게 된다."

마음이 육체를 주재하는 까닭에 마음이 없으면 이목구비 등 육체가 없게 됩니다. 참으로 이것이 있으면 살고, 없으면 죽습니다. 만약 진정 육체적인 자기를 위한다면 반드시 마음을 운용해야 하며, 항상 마음의 본체를 보존하고 지켜야 합니다. 마음이 눈을 통해 보고, 귀를 통해 듣고, 입을 통해 말하고, 코를 통해 냄새를 맡고, 사지를 통해 움직입니다. 이 마음이 바로 본성이고, 천리이며, 삶의 원리입니다.

마음은 신체를 통해 자신을 드러내며, 신체는 마음의 주재 기능을 통해 작용합니다. 귀와 눈과 입과 코와 사지는 몸이지만 마음이 아니라면 어떻게 보고 듣고 말하고 움직일 수 있을까요? 마음이 보고 듣고 말하고 움직이고자 하더라도 귀와 눈과 입과 코와 사지가 없다면 역시 불가능합니다. 그러므로 마음이 없다면 몸도 없고, 몸이 없다면 마음도 있을 수 없습니다.

보고 듣고 말하고 움직이는 것이 모두 너의 마음이다.

여기서 마음이란 혈육과 같은 유형의 마음이 아닌 무형의 마음, 즉 우리의 영혼을 가리킵니다. 영혼이란 심령이라고도 하는데, 한 사람의 인격, 사상, 정신, 감정 등을 포함합니다. 영혼은 또한 사물 가운데서 주도적 역할을 하죠. 건전한 영혼을 가진 사람은 건강한 사람입니다. 마음은 때로는 행위를 결정하기도 합니다. 눈이 좋은 색을 그리워 잊지 못할 때는 마음이 좋은 색을 생각합니다. 손과 발이 상처받으면 마음은 아픔을 감지합니다. 이를 통해 알 수 있는 것은 무엇일까요? 마음이 행위를 지도할 뿐만 아니라 감각 기관의 지각 작용을 주재한다는 사실입니다. 이것이 바로 양명이 '무릇 지각하는 곳이 바로 마음'이라고 한 뜻입니다.

마음은 한 덩어리의 혈육이 아니라, 무릇 지각하는 곳이 바로 마음이다. 예를 들어 눈과 귀는 보고 들을 줄 알고, 손과 발은 아프고 가려운 것을 아는데, 이 지각이 바로 마음이다. −322 조목

어떤 목표를 달성하고 싶을 때는 마음이 육체를 이끌어 각종 노력을 다하게 만듭니다. 이것이 바로 의식이 신체 행위를 이끄는 상황입니다. '말은 마음의 소리'라고 하죠. 우리가 하는 말과 행동이 사실은 모두 마음의 표현임을 뜻합니다. 그렇다면 마음은 항상 우리가 정확한 판단을 내릴 수 있도록 이끌까요?《여씨춘추》에 다음과 같은 이야기가 실려 있습니다.

옛날에 어떤 사람이 실수로 아끼던 도끼를 잃어버렸습니다. 그 사람은 이웃집 아이가 도끼를 훔쳐갔다고 의심했는데, 이웃집 아이가 자기 집 정원에 와서 노는 경우가 많았기 때문입니다. 이 때부터 그는 매일 이웃집 아이의 행동을 관찰했습니다. 일단 의심을 하고 보니 아이의 걸음걸이가 도끼를 훔친 사람의 걸음걸이 같고, 아이의 안색도 도끼를 훔친 사람의 안색 같고, 아이가 하는 이야기도 도끼를 훔친 사람이 하는 이야기 같았습니다. 모든 행동이 도끼를 훔친 사람의 행동처럼 의심스러웠습니다. 그러던 어느 날 우연히 정원에서 잃어버린 도끼를 발견했습니다. 그러고 나서 이웃집 아이를 다시 보니, 그 아이에게서 도끼를 훔친 사람 같은 모습을 전혀 찾을 수 없었습니다. 도끼를 잃어버렸을 때나 다시 찾았을 때나 아이의 행동에는 변함이 없었습니다. 변한 것은 도끼를 잃어버린 그의 마음뿐이었습니다.

우리의 마음은 때때로 잘못된 판단을 내립니다. 마음이 언제나 정확한 판단을 내리게 하려면 선천적인 의식에 의지함과 동시에 후천적인 노력을 통해 정확한 사상과 의식을 축적해나가야 합니다. 어떤 문제에 직면하든 제멋대로 추측하거나 짐작해서는 안 됩니다. 만약 신중하게 판단하지 않으면 잘못된 판단과 그릇된 결과를 불러일으킬 뿐입니다. 어떤 판단을 내리든 주관적인 억측에 기대어서는 안 됩니다. 이런 과정을 거쳐야 우리의 마음은 비로소 정확한 지각 활동을 할 수 있습니다.

마음과 천리는 하나다

송대와 명대에 융성한 송명이학宋明理學에서 심心과 이理의 관계를 둘러싼 문제는 적지 않은 유학자들이 고심하고 논쟁했던 중요한 철학적 논제입니다. 널리 알려졌다시피 정호와 정이에서 주희로 이어지는 정주이학程朱理學에서는 '심즉리'를 반대하고 '성즉리'를 주장합니다. 그렇다면 이들이 '심즉리'를 반대하는 근본적인 원인은 어디에 있을까요?

정주이학의 입장에서 보면, 마음은 다만 인심의 지각의식에 불과할 뿐이라서 항상 변화하며 안정된 상태를 유지하지 못합니다. 마음은 잘못된 데 빠지고 사사로운 데 치우치기 쉽습니다. 이런 까닭에 마음은 성性이나 이理로 올바르게 인도해야 할 대상입니다.

왕양명은 어린 시절부터 주자학에서 말하는 즉물궁리설에 심취해 사물의 이치를 궁구하는 데 심혈을 기울였습니다. 하지만 많은 노력에도 불구하고 실패했고, 뜻밖에 그의 고민은 나이 서른일곱에 용장으로 귀양을 가 어려운 상황에 처한 와중에 풀리게 됩니다. 이를 역사적으로는 용장오도, 즉 용장에서의 깨달음이라 일컫습니다. 양명은 용장에서 '만약 성인이 이런 상황에 처한다면 어떻게 처신할 것인가?'라는 화두를 고민해 이에 대한 해답을 깨우치죠. 그렇게 나온 답이 바로 성인의 도리는 밖에 있는 것이 아니라 내 마음에 있다는 것입니다. 양명은 이런 깨달음을 통해 마침내 '심즉리'를 제창했는데, 이는 양명 철학의 제1명제라 할 수 있습니다. 양명에 따르면, 인심에는 비록 지각의식이라는 측면이 있지만 지각의 근본은 도덕 지각이며, 사람의 본심은 선천적인 도덕 원칙입니다. 양명은 종종 '마음의 본체'라는 개념을 사용해 도덕적 의미를 지닌 본심을 표현하곤 하는데, 이는 지극히 선한 존재를 일컫습니다. 그런 의미에서 '마음의 본체'는 성性이고 이理입니다.

그러나 주자학에 익숙했던 양명의 제자들은 '심즉리'설을 듣자 이를 이해하지 못하고 하나같이 회의감에 빠져듭니다. 제자들이 생각하는 이理는 객관적 존재였습니다. 예를 들어 의자에는 의자의 이치가 있고, 책상에는 책상의 이치가 있죠. 이와 달리 마음은 주관적 존재입니다. 주관적 존재인 마음과 객관적 존재인 이理가 어떻게 같을 수 있을까요?

이런 질문에 대해 양명은 부모를 섬기고 임금을 섬기며, 친구와 사귀고 백성을 다스리는 예를 들어 친절히 설명합니다. 가령 부모를 섬기는 경우 효도의 이치가 과연 부모의 몸에 있을까요, 아니면 효를 행하는 사람에게 있을까요? 임금을 섬기는 경우 충성의 이치는 과연 임금에게 있을까요, 아니면 충성을 다하는 신하에게 있을까요? 벗과 사귀고 백성을 다스리는 경우도 마찬가지입니다. 믿음과 어짊의 이치가 과연 행위의 대상인 벗과 백성에게 있을까요, 아니면 행위자에게 있을까요? 효도, 충성, 믿음, 어짊의 이치는 행위 대상인 부모, 임금, 벗, 백성이 아니라 다만 행위 주체의 마음에 있을 뿐입니다. 그러므로 "모두가 다만 마음에 있을 뿐이니, 마음이 곧 이理"라고 결론지을 수 있습니다. 다시 말해, 도덕 원칙으로서의 이理는 행위자의 마음에서 부모를 섬기는 경우에는 효도의 형식으로 발현하고, 임금을 섬기는 경우에는 충성의 형식으로 발현하며, 벗과 사귀고 백성을 다스리는 경우에는 믿음과 어짊의 형식으로 발현하는 것이죠.

그러나 설령 마음과 이理가 하나라고 하더라도 도덕 실천 측면에서는 각종 방법과 원리를 고려해야 합니다. 예를 들어 부모를 섬기는 일에도 수많은 절목節目이 필요합니다. 겨울에는 따뜻하게 해드리고, 여름에는 시원하게 해드리며, 저녁에는 잠자리를 살피고, 아침에는 문안을 드리는 등 객관적으로 존재하는 세목을 강구해야 합니다. 세목을 강구하는 데는 요령이 있습니다. 즉 오직 마음의 인욕을 제거하고 천리를 보존하는 데 힘쓸 뿐이죠. 예를 들어 겨울에 따뜻하게 해드릴 것을 강구하는 때는 단지 이 마음의 효도를 다하고 조금의 인욕이라도 끼어들어 뒤섞일까 두려워해야 하며, 여름에 시원하게 해드릴 때도 단지 이 마음의 효도를 다하고 조금의 인욕이라도 끼어들어 뒤섞일까 두려워해야 합니다. 이를 나무에 비유하면 효성스러운 마음은 뿌리이고 수많은 조목은 가지와 잎입니다. 반드시 먼저 뿌리가 있고 난 뒤에 가지나 잎이 있지, 가지나 잎이 난 뒤에 뿌리가 있는 게 아닙니다.

여기서 알 수 있는 사실이 있습니다. 바로 양명이 말하는 '심즉리'가 도덕철학에 속하는 명제라는 점입니다. 도덕 행위라는 측면에서 보자면, 도덕 원칙으로서의 이理는 도덕 주체에 내재해 있지 결코 외재하는 대상물에 있지 않습니다. 그러므로 천하에 다시 마음 밖에 이치가 없고, 마음 밖에 일이 없습니다. 이치는 오직 하나이고, 마음과 이치 또한 하나죠.

그렇다면 양명이 심즉리를 주장하는 이유는 무엇일까요? 세상 사람들이 마음과 이치를 둘로 나누어 수많은 병통이 생겼기 때문입니다.

내가 지금 마음이 곧 이理라고 말하는 것은 무엇 때문인가? 다만 세상 사람들이 마음과 이理를 둘로 나누어 수많은 병통이 생겼기 때문이다. −321조목

양명은 사람들에게 마음과 이치가 하나라는 사실을 깨우쳐주고자 하며, 동시에 세상의 모든 이치가 자기 마음에 내재해 있다는 것을 아는 공부가 필요하다고 강조합니다. 이것이 바로 양명이 심즉리를 말하는 근본 취지입니다.

내 마음이 천리다

심즉리설은 지행합일설, 치양지설과 더불어 양명학의 중심 사상입니다. 양명은 주희의 주장에 반대해 심외무리心外無理, 심외무사心外無事를 언급함으로써 일체의 윤리 규범이나 인간사를 마음과의

연관 속에서 조명해냅니다.

마음이 곧 이치다. 천하에 다시 마음 밖의 일과 마음 밖의 이치가 있겠는가? −3조목

일반적으로 자연의 법칙이자 규범의 법칙인 이理는 소이연지고所以然之故와 소당연지칙所當然之則이라는 두 가지 방식으로 나타납니다. 소이연지고는 사물이 존재하는 근거로서 사물이 마땅히 그렇게 되는 바의 까닭이자 원인이며, 소당연지칙은 인륜 행위를 말하는 것으로 인간으로서 마땅히 하지 않으면 안 되는 법칙 또는 규칙을 뜻하죠. 이러한 이치는 보편성과 객관성을 지니며, 결코 사람에 의지해 존재하는 게 아닙니다. 마치 산천초목이 각자 산천초목이 되어야 하는 이유로 존재하는 것과 같습니다. 즉 그저 그들 스스로 존재하고 사라지는 것입니다. 만약 이치가 마음에 있다면, 이때 초목의 이치는 초목에 있는 게 아니라 사람의 마음 가운데 있어야 합니다. 그러므로 사물의 이치가 마음에 있다는 설명은 일반적인 사실에 비추어볼 때 터무니없고 이해하기가 쉽지 않죠.

우리는 대부분 물질적 향락, 사회적 지위와 명성을 추구합니다. 그래서 늘 심신이 고달프고 기진맥진한 상태에 처해 있습니다. 너무 고달픈 마음에 하늘을 원망하고 남을 탓하며 그 가운데서 벗어나려 애써도 결국 벗어나지 못합니다. 이런 원인은 어디에 있을까요? 자신의 내면을 등한시한 채 모든 일에서 마음을 닦는

공부를 우선적으로 해야 함을 모르기 때문입니다. 양명에 따르면, 내 마음이 바로 천리이니 세상 어디에도 마음 밖의 사물이나 도리가 있을 수 없습니다. 곧 사람의 행동거지가 어떤 규범에 부합하거나 지극히 선한 경지에 도달하기 위해서는 천리인 내 마음에 비추어보면 되지, 마음 밖의 사물에서 찾을 필요가 없습니다. 다만 내 마음이 지극히 선한 경지에 도달하기만 하면 외재적인 행동거지는 자연히 그에 따라 선해집니다.

　중국 광주 외곽에 탐천貪泉이라는 샘이 있습니다. 전하는 말에 따르면 어떤 사람이라도 이 물을 마시면 탐욕스럽게 변해 끝없이 욕심을 부리게 된다고 합니다. 서진 시기 조정에서 광주 지역에 관리를 파견했는데, 파견된 관리마다 모두 부정을 저질러 파면되고 처벌을 받았습니다. 사람들은 그들이 모두 탐천의 물을 마셨기 때문이라고 수군댔습니다. 그 뒤 조정에서 이런 악폐를 없애려고 청렴결백하기로 이름난 오은지를 광주로 파견했습니다. 부임하는 날, 오은지는 수행원을 데리고 탐천에 가서 물을 마셨습니다. 그러자 수행하는 사람이 그를 말리며 말했습니다. "이전의 관리들이 모두 광주로 들어서면서 탐천의 물을 마시며 스스로 고상하고 멋있는 척했지만, 그들 모두 목숨처럼 돈을 좋아한 나머지 뇌물을 받고 법을 어기고 말았습니다. 절대 이 물을 마셔서는 안 됩니다." 이 말을 듣고 오은지는 수행원에게 물었습니다. "그렇다면 이 물을 마시지 않은 나리들은 청렴했는가?" 수행원이 말했습니다. "그들 역시 마찬가지였습니다." 오은지는 물을 거푸 세 바가지나 마시고 나서 말했습니다. "재물을 탐내느냐 그러지 않느냐는 인품에 달려 있다. 내가 오늘 탐천의 물을 마셨으니, 이후 내가 명성을 더럽히는지 그러지 않는지 두고 보아라." 그리고는 다음과 같은 시를 읊었습니다. "옛사람들이 말하길 이 물은/ 한번 마시면 천금을 마음에 품게 한다네/ 시험 삼아 백이숙제에게 마시도록 한다 해도/ 결국 마음을 바꾸지 않으리라!" 이후 오은지는 임기 동안 청렴한 정치를 베풀었으며, 탐천수를 마시고도 탐욕스럽게 변하지 않았다는 미담을 남겼습니다.

인간의 탐욕은 결코 샘물 따위로 결정되지 않습니다. 탐천수를 마신 사람도 탐욕스럽지 않을 수 있고, 탐천수를 마시지 않은 사람도 탐욕스러울 수 있습니다. 탐천은 다만 탐욕스러운 사람들이 내세우는 구실일 뿐이죠. 마음이 모든 것을 좌우합니다. 좋은 일도 마음에서 비롯되고 나쁜 일도 마음에서 말미암습니다. 마음속 생각이 행동에 영향을 주는 까닭에 세상의 도리를 좀 더 훤히 꿰뚫고 처세의 도리를 좀 더 분명하게 파악하기 위해서는 가장 먼저 마음을 닦는 공부를 해야 합니다. 마음을 닦는 공부는 결코 어렵지도 않고 나와 멀리 떨어져 있는 것도 아닙니다. 다만 매일 자기 자신을 새롭게 변화시키고 시시각각 반성하며 부단히 마음속 더러움을 제거해나갈 뿐입니다. 그러다 보면 어느 순간 세상의 번뇌로부터 벗어나 진정한 마음의 자유를 얻을 수 있을지 모릅니다.

천하에는 마음 밖의 사물이 없다

선생께서 남진을 유람할 때, 어떤 사람이 바위 가운데 꽃나무를 가리키며 물었습니다. "천하에 마음 밖에 사물이 없다고 했는데, 깊은 산에서 저절로 피고 지는 이 꽃나무 같은 것은 내 마음과 무슨 상관이 있습니까?" 선생께서 말씀하셨습니다. "그대가 이 꽃을 보지 못했을 때 이 꽃과 그대의 마음은 함께 적막한 곳으로 돌아간다. 그대가 이 꽃을 보았을 때는 이 꽃의 색깔이 일시에 분명하게 드러난다. 그러므로 이 꽃은 그대의 마음 밖에 있지 않음을 알 수 있다."

깊은 산속에서 저절로 피었다가 저절로 지는 꽃은 내 마음과 무관하게 항상 실재합니다. 꽃을 비롯한 객관 사물은 내가 그것을 의식하든 의식하지 못하든 항상 존재하죠. 이런 입장에서 질문자는 양명이 말한 '천하에 마음 밖에 사물이 없다'는 의미가 이해되지 않은 것이죠. 물론 세상에는 인간의 의지로는 어쩔 수 없는, 인간의 의지와 무관한 각종 사물이 객관적으로 존재합니다. 깊은 산중에 있는 꽃나무는 계절의 변화에 따라 잎이 나고 꽃이 피고 열매를 맺으며 다시 잎이 지는 과정을 되풀이하는데, 이는 사람의 마음과는 전혀 관계가 없습니다. 이 점에 대해서는 양명도 부정하지 않습니다. 하지만 문제를 바라보는 시각이 다르면 결론 또한 다르게 나타날 수밖에 없습니다.

이 꽃은 그대의 마음 밖에 있지 않음을 알 수 있다. −275조목

양명이 말하고자 하는 것은 질문자가 제기하고 있는 객관 사물의 세계가 아니라 마음과 관련되어 있습니다. 꽃의 색깔이라는 객관적 현상과 꽃을 보는 주체의 행위가 서로 맞물리면 어떻게 될까요. 꽃이라는 존재가 마음속에 분명하게 드러납니다. 이와 반대로 꽃이라는 객관적 현상과 '본다'는 행위가 상호작용하지 않으면 어떻게 될까요. 꽃과 마음은 서로 관계가 없는 적막한 상태에 빠지게 됩니다.

《대학》에서는 "마음이 있지 않으면 보아도 보이지 않고, 들어도 들리지 않으며, 먹어도 그 맛을 알지 못한다"라고 말합니다. 여기에서 '본다'는 것은 단순히 눈에 비친다는 뜻이 아니라 어떤 대상을 의미 있는 존재로 인식한다는 의미입니다. 이렇듯 객관 사물은 주체와의 연관 속에서만 의미를 지닙니다. 만약 객관 사물이 주체와 연관되지 않는다면 어떤 의미도 드러낼 수 없죠.

이런 의미에서 마음과 사물은 하나입니다. 주체 존재인 마음을 떠난다면 객관 존재인 물리物理는 아무런 의미가 없습니다. 여기에서 양명이 말하는 물物이란 객관적으로 존재하는 사물을 가리키는 게 아니라 내 마음이 발한 상태로서의 의식이 지향하는 행위 그 자체를 의미하고, 이理는 이른바 객관 규율로서의 물리를 가리키는 게 아니라 마음의 활동이 지향하는 대상입니다. 그러므로 양명에게는 물리가 객관적으로 존재하느냐 존재하지 않느냐 하는

논의 자체가 의미를 잃습니다. 핵심 문제는 오로지 하나입니다. 바로 마음을 벗어나 사물의 이치를 구해서는 안 된다는 것이죠. 그러나 사람들은 이와는 반대로 마음을 벗어나 사물의 이치를 구하기 때문에 사리에 어두워집니다.

그렇다고 양명이 객관 사물의 존재 자체를 부정하는 것은 아닙니다. 객관 사물은 내가 의식하든 의식하지 않든 항상 존재합니다. 다만 객관 사물이 주체와 연관되지 않는다면 그것은 어떤 의미도 드러낼 수 없게 됩니다. 이렇게 보면 사물의 이치는 마음 밖에 있을 수 없으니, 마음이 있어야 사물이 있고 마음의 사물이 있어야 마음의 이치가 있을 수 있는 것이죠. 양명이 거듭 '심외무물' '심외무리'를 강조하는 이유입니다.

마음은 사물과 떨어져 있지 않다

주자에 따르면, 사물마다 일정한 이치가 있으므로 각각의 사물에서 이치를 궁구해야 합니다. 양명은 이런 주자의 방법을 고자의 의외지설義外之說이라고 비판합니다. 그러면서 양명은 지선至善이란 사물에 있는 게 아니라 내 마음의 본체라고 해석하며, 외부 사물 대신 자기 안에 있는 밝은 덕성을 밝혀서 이를 얻을 수 있다고 보았습니다.

각각의 사물에서 지극한 선을 구하는 것은 도리어 의로움을 밖에 있다고 여기는 것이다. 지극한 선은 마음의 본체이니, 단지 밝은 덕을 밝혀서 지극히 순수하고 지극히 한결같은 곳에 이르기만 하면 된다. 그러나 또한 일찍이 사물을 떠난 적이 없다.
−2조목

무엇을 지선이라 할까요? 지선, 즉 지극한 선이란 선의 최고 경지로서 악과 대비되는 상대적인 의미의 선이 아닙니다. 선악으로 나누어지기 이전의 절대적인 선을 의미합니다. 그래서 양명은 이를 무선무악無善無惡이라 표현하기도 합니다. 무선무악이란 말 그대로 상대적인 의미의 선악이 없다는 뜻입니다. 우리가 따라야 하는 준칙이나 규범으로서의 양지를 말하며, 양명은 이를 명덕明德이라 표현합니다.

그렇다면 지선은 어디에 있을까요? 어떻게 하면 지선에 머물 수 있을까요? 지선을 마음의 본체로 파악한다면, 당연히 마음에서 구해야 합니다. 지극히 선한 사람이 되는 일이나 지극히 선한 행위를 하는 일이나 모두 마음과 관련 있지 마음 밖의 사물과는 아무런 상관이 없습니다.

그런데 마음이 본래 지극히 선한 존재로서 명덕이라면, 무슨 이유로 이를 밝히는 공부가 필요할까요? 모든 사람이 선천적으로 양지를 지니고 태어나기는 하지만 모든 사람이 양지를 발현할 수 있는 것은 아니기 때문입니다. 모든 사람이 명덕을 지니고 있다는 점에서는 동일하지만, 어떤 사람은 사욕이나 물욕 탓에 그 본래 모습을 발현할 수 없습니다. 이런 경우에 명덕을 밝히는 공부가 필요합니다. 공부를 통해 본래의 밝은 모습을 회복하면, 곧바로 마음의 본래 상태인 지극히 선한 경지에 이르는 것이죠.

　이런 공부는 사물과의 관계 속에서 이루어지며, 사물을 떠난 공부란 있을 수 없습니다. 그렇다면 여기에서 양명이 말하는 사물은 주자의 그것과는 어떤 차이가 있을까요? 주자가 말하는 사물이 마음 밖에 존재하는 객관 존재를 의미한다면, 양명이 말하는 사물은 인간의 의지와 관계된 행위입니다. 다시 말해 인간의 도덕적 행위 자체를 가리키죠. 예를 들어, 의지가 부모를 섬기는 데 있으면 부모를 섬기는 것이 바로 사물이고, 임금을 섬기는 데 있으면 임금을 섬기는 것이 바로 사물입니다. 의지가 백성을 어질게 다스리고 사랑하는 데 있으면 백성을 어질게 다스리고 사랑하는 것이 바로 사물이고, 보고 듣고 말하고 움직이는 데 있으면 보고 듣고 말하고 움직이는 것이 바로 사물입니다. 부모를 섬길 때 효도의 이치는 효도 대상인 부모에게 있을까요, 아니면 효도를 행하는 주체인 자기 자신에게 있을까요? 임금을 섬길 때 충성의 이치는 임금에게 있을까요, 아니면 신하에게 있을까요? 만약 효도의 이치나 충성의 이치가 효도하고 충성하는 행위 주체인 자신이 아닌 부모나 임금에게 있다면, 부모나 임금이 돌아가시고 나면 효도하고 충성하는 행위 역시 사라져야 합니다. 이런 이유로 부모에게 효도하고 임금에게 충성하는 행위의 대상인 부모와 임금에게서 효도와 충성의 이치를 구할 수는 없습니다. 이치는 오직 행위 주체인 자신의 마음에 있을 뿐입니다. 그러므로 양명은 "마음 밖에 이치가 없으며, 마음 밖에 사물이 없다"라고 말하죠.

　마음은 사욕이나 물욕에 가려지지 않은 천리이며, 따라서 마음에서 인욕이나 물욕을 제거하고 천리를 보존하는 데 힘쓰기만 하면 됩니다. 지극한 선은 오직 마음에서만 구할 수 있으니, 단지 이 마음이 완전히 순수한 천리의 상태에 이르기만 하면 지선이 이루어지는 것입니다. 양명이 심즉리를 말하는 이유입니다.

앎과 삶은 하나다

———————

제 5 장

知
行
合
一

앎과 행위는 합일한다

내가 지금 앎과 행위가 합일한다고 말하는 것은 바로 병을 치료하기 위한 약이다. −5조목

양명은 용장에서의 큰 깨달음을 통해 심즉리설과 지행합일설을 연속적으로 제시합니다. 지행합일은 양명 심학에서 심즉리, 치양지와 함께 언급되는 중요한 학설입니다. 당연히 심즉리, 치양지와 밀접한 관계가 있죠. 지행합일이란 앎과 행위가 서로 떨어져 있는 것이 아니라 본래 합일되어 있다는 의미입니다. 여기서 합일이란 '둘 이상이 합해 하나가 된다'는, 즉 원래 분리되어 있는 '지'와 '행'이라는 두 가지 개념을 하나로 만든다는 의미가 아니라 둘이 본래부터 동일하다는 뜻입니다.

양명의 지행합일설은 다름 아닌 주자의 선지후행설에 대한 비

판입니다. 이런 견해 차이는 마음과 이치의 관계에 대한 서로 다른 해석에서 나옵니다. 앞서 말했다시피 양명은 심즉리를 주창해 마음 자체에 이치가 내재하고 있다고 보는데, 주자는 이치가 마음이 아니라 외부 객관 사물에 있다고 보았습니다. 따라서 주자는 먼저 사물의 이치를 알아낸 뒤에야 실천이 이치대로 이루어질 수 있다고 주장했죠. 하지만 양명은 "앎은 곧 실천의 시작이고, 실천은 앎의 완성"이라고 강조했습니다. 앎이 곧 실천이고 실천이 곧 앎인 것입니다.

당시 주자학적 세계관에 익숙해 있던 사람들은 양명이 말하는 지행합일의 내용을 제대로 이해할 수 없었습니다. 게다가 주자학이 주도하던 분위기에서 양명의 설을 받아들이는 것도 쉽지 않았습니다. 양명의 제자 가운데 공문의 안회에 비유되는 서애 역시 '앎이 곧 실천'이라는 스승의 가르침에 의문을 품고 여러 차례 질문하곤 했습니다.

서애의 질문에 양명은 두 가지 반증을 제시합니다. 아름다운 여색을 보는 것과 악취를 맡는 것이 바로 그것입니다. 《대학》에서는 아름다운 여색과 악취에 대해 다음과 같이 언급하죠. "이른바 그 뜻을 성실히 한다는 것은 스스로를 속이지 않는 것이니, 마치 악취를 싫어하듯이 하고 아름다운 여색을 좋아하듯이 하는 것이다." 당시에는 앎과 실천을 각각의 두 가지로 간주했습니다. 아름다운 여색을 보거나 악취를 맡는 것이 앎이라면, 아름다운 여색을 좋아하는 마음이나 악취를 싫어하는 마음이 생기는 것을 실천이라 했죠. 하지만 아름다운 여색을 보았을 때 이미 저절로 좋아하게 되지, 아름다운 여색을 본 뒤에 또 다른 좋아하는 마음이 생기는 것은 아닙니다. 악취를 맡았을 때 이미 저절로 싫어하게 되지, 악취를 맡은 뒤에 또 다른 싫어하는 마음이 생기는 것도 아니죠. 양명이 보기에 앎과 실천이라는 말에는 이미 두 가지를 서로 다른 것으로 보는 시각이 전제되어 있었습니다. 그러므로 주자가 지행일치를 주장하며 둘 사이의 간극을 최대한 좁히려 노력한 반면, 양명은 처음부터 둘 사이의 분리를 인정할 수 없었습니다. 앎과 행위를 두 가지로 나누어 보는 것은 사욕에 의해 앎과 행위의 본체인 양지가 가려졌기 때문입니다. 안다는 것은 그것이 무엇인지 알고 실천할 수 있을 때에만 진정으로 안다고 할 수 있습니다. 다시 말해, 알면서도 행하지 않는다는 것은 있을 수 없습니다. 만약 알면서도 행하지 않았다면 이는 진정으로 알았다고 할 수 없는 것입니다.

가령 우리가 어떤 사람이 효자라고 칭찬한다면, 그건 그 사람이 효에 대한 지식이 많아서가 아닙니다. 실제로 효행을 실천하기 때문이죠. 온종일 입으로만 효도에 관해 말한다고 해서 그를 효자라고 부를 수 있는 게 아니라, 반드시 효도를 행해야만 비로소 그를 효자라고 부를 수 있는 것입니다. 《논어》〈공야장〉에 "자로는 좋은 말을 듣고 아직 그것을 실행하지 못했으면 행여 다른 말을 들을까 두려워했다"라는 말이 나옵니다. 자로는 실천을 중시했습니다. 그런 나머지 선생님께서 새로운 도리를 말씀하시는 것을 듣기를 두려워할 정도였죠. 오늘 선생님께서 효도해야 한다고 말씀하셨는데 이를 실행하지 못했다면 선생님이 내리는 또 다른 가르침을 들으려 하지 않은 겁니다.

그럼에도 불구하고 옛사람이 앎과 행위를 나누어 말한 데는 두 가지 이유가 있었습니다. 첫째는 맹목적으로 행동하는 사람을 위해 먼저 앎을 강조한 경우입니다. 맹목적으로 행동하는 사람은 사색과 성찰을 하지 않아 망령되이 행동합니다. 이런 부류는 행위에 앞서 미리 계획을 세워야 비로소 행위의 올바름을 얻을 수 있죠. 둘째는 공상에 빠져서 터무니없이 사색할 뿐 착실하게 행하려고 하지 않는 부류를 위해 행위를 강조한 경우입니다. 이런 부류는 반드시 실행을 통해야만 비로소 앎이 진실해지죠. 그런데 양명이 보기에 지금 사람들은 도리어 앎과 행위를 두 가지로 구분해 반드시 먼저 안 뒤에 행할 수 있다고 생각했습니다. 그러다 결국 평생토록 행하지도 못하고 또한 알지도 못하는 상태에 머물렀죠. 양명은 이런 병폐를 바로잡기 위해서 '앎과 행위가 합일한다'고 주장했던 것입니다.

양명이 악취와 여색의 예를 통해 말하고자 하는 지행합일이란, 다름 아닌 이론과 실천의 통일 문제입니다. 이론이 뒷받침되지 않는 맹목적인 실천이나 실천이 따르지 않는 공허한 이론은 어느 하나 예외 없이 '지행합일'이라고 할 수 없습니다. 예를 들어, 노인이 넘어지는 모습을 보고 불쌍한 마음이 들었는데도 손을 내밀어 일으켜주지 않았다면 어떨까요? 양명의 이론에 따르면, 노

앎은 곧 실천의 시작이고, 실천은 앎의 완성이다.

인이 넘어지는 광경을 보았을 때는 누구나 당연히 노인을 일으켜 드려야 한다는 것을 압니다. 그렇다면 노인이 넘어지는 모습을 보면 곧바로 달려가 노인을 일으켜드리는 행위를 해야 합니다. 이처럼 아는 것과 행하는 것 사이에 조금이라도 주저함을 허용하지 않음이 바로 지행합일의 상태입니다. 그러므로 양명은 말합니다. "내가 지금 앎과 행위가 합일한다고 말하는 것은 바로 병을 치료하기 위한 약이다."

지행합일의 상태

사마천은 《사기》〈공자세가〉에서 공자의 제자는 3천 명이었으며, 그중 육예六藝에 통달한 사람이 72명이었다고 말합니다. 이들을 72현賢이라 하고, 그중에서 특히 뛰어난 제자 10명을 십철十哲이라 일컫습니다. 《논어》〈선진〉편에서 공자는 이들에 대해 언급합니다. 덕행德行 방면에서는 안연, 민자건, 염백우, 중궁 등이 뛰어나고, 언어 방면에서는 재아, 자공 등이 뛰어나며, 정사政事 방면에서는 염유, 계로 등이 뛰어나고, 문학 방면에는 자유, 자하 등이 뛰어나다고 했습니다. 이들 가운데 공자가 가장 아꼈던 제자는 단연코 안연이라 하겠습니다. 공자는 자신이 스스로 배우기를 좋아하는 사람이라 평가하는데, 이 같은 호학好學 정신은 그의 발분망식發憤忘食하는 자세에서 엿볼 수 있습니다. 공자는 스스로 "분발하면 먹는 것도 잊고, 즐거워서 근심을 잊으며, 늙음이 장차 이르는 것도 모른다"라고 고백했습니다. 이처럼 호학하는 면에서는 누구에게도 양보하지 않았던 공자가 제자 가운데 유일하게 호학하는 자라 인정하고 있는 사람이 바로 안연입니다.

〈옹야〉편에서는 안연의 호학하는 모습에 관한 노나라의 임금 애공과 공자의 대화 내용을 살펴볼 수 있습니다. 애공이 "제자들 중에 누가 가장 학문을 좋아합니까?"라고 묻자 공자가 "안회라는 제자가 있어 학문을 좋아했습니다. 그는 자신의 노여움을 다른 사람에게 옮기지 않았고, 같은 허물을 두 번 다시 되풀이하지 않았는데, 불행히도 명이 짧아서 이미 죽었습니다. 지금은 더 이상 그런 사람이 없으니, 학문을 좋아하는 사람이 있다는 말을 들어보지 못했습니다"라고 답합니다. 여기에서 공자는 안연의 호학하는 모습을 '자신의 노여움을 다른 사람에게 옮기지 않고' '같은 허물을 두 번 다시 되풀이하지 않는' 것으로 묘사하죠.

공자가 안회에 관해 묘사한 두 가지를 구체적으로 살펴보기로 합시다. 첫째, '자신의 노여움을 다른 사람에게 옮기지 않는다'는 부분입니다. '노여움을 다른 사람에게 옮긴다'는 것은 바로 A로 인해 화난 것을 B에게 옮긴다는 뜻이죠. '종로에서 뺨 맞고 한강에서 화풀이한다'는 말이나 '갑에게 당한 노여움을 을에게 옮긴다'는 노갑이을怒甲移乙 또한 같은 의미입니다. 아침에 집에서 부부싸움을 해 화가 덜 풀린 상태로 직장에 출근해서는, 아무 잘못 없는 부하직원에게 괜히 신경질을 부리는 경우가 그렇습니다. 노여움이란 내 마음속에서 일어나는 감정입니다. 사람들은 흔히 화가 나면 그 원인을 자신에게서 찾으려 하지 않고 상대방에게서 찾으려는 경향이 있습니다. 하지만 엄밀히 말하자면 노여움은 상대방에게 원인이 있는 게 아니라 내 마음에서 비롯되는 것입니다.

둘째, 이른바 '잘못을 반복하지 않는다'는 것은 같은 잘못을 두 번 다시 저지르지 않는다는 뜻입니다. 자신이 어떤 행위를 했을 때는 그 행위가 옳은지 그른지 스스로에게 물어보고 반성하는 시간을 가져야 합니다. 옳은 행위를 했다면 지속적으로 실행해나가면 되고, 옳지 못한 행위를 했다면 반성하고 두 번 다시 같은 실수를 반복하지 않도록 스스로 경계하면 됩니다. 일반적으로 사람들은 잘못을 저지르고 후회하지만, 대다수는 이후에도 지속적으로 같은 잘못을 저지르고 후회하는 과정을 반복합니다. 사람의 잘못은 종종 자기 성격에서 기인합니다. 이를 바로잡지 않으면 끊임없이 똑같은 잘못을 저지르고, 그 결과 인생에서 적지 않은 기회를 놓치고 맙니다. 안회가 자신의 분노를 남에게 옮기지 않고, 같은 잘못을 두 번 다시 반복하지 않을 수 있었다는 것은, 그가 배우기를 좋아함을 생명과 결부시켜 자신의 인생을 개선했음을 입증합니다.

《중용》1장에 보면 "기쁨, 성냄, 슬픔, 즐거움이라는 감정이 아직 발현되지 않은 상태를 중中이라 하고, 그것이 발현되어 모두 상황에 딱 들어맞는 것을 화和라 한다"라는 대목이 있습니다. 양명은 양지가 미발지중未發之中, 곧 정감이나 사려가 아직 발현하지 않은 상태이고, 확 트여 공정한 것이며, 항상 고요하고 흔들림 없는 본체로서 사람마다 똑같이 갖추고 있는 것이라고 정의합니다. 사람마다 미발지중을 갖추고 있다는 말은 성인이나 보통 사람을 막론하고 선천적으로 양지를 구비하고 있다는 뜻입니다. 다시 말해, 감정이 '아직 발하지 않은 중'인 것은 성인이나 보통 사람이나 차이가 없습니다. 하지만 성인은 미발지중을 온전하게 발현할 수 있는 데 비해 보통 사람은 온전하게 발현하는 경우도 있고 그러지 못하는 경우도 있습니다. 보통 사람은 때때로 물욕이나 사욕에 의해 가려지거나 치우치고 맙니다. 마치 밝은 거울에 먼지가 끼어 있어 사물의 모습을 제대로 비출 수 없는 것과 마찬가지죠. 당연히 우리에게는 어둡게 가려진 양지의 본래 모습을 회복하기 위한 후천적인 공부와 실천이 요구됩니다. 다시 말해, 보통 사람의 양지는 욕심에 의해 가려지지 않을 수 없으므로 반드시 학문을 통해 어두움을 제거해야 본체를 온전히 보존할 수 있습니다. 그러나 이런 경우에도 양지의 본체에 대해서는 애초에 털끝만큼이라도 보태거나 덜어낼 수 없습니다.

안자가 노여움을 남에게 옮기지 않고, 거듭 같은 잘못을 저지르지 않았던 것도 역시 감정이 아직 발하지 않은 중이었기 때문에 비로소 가능했다. ─114조목

양명은 안연이 노여움을 다른 이에게 옮기지 않고, 같은 잘못

을 거듭 되풀이해 저지르지 않을 수 있었던 이유를 미발지중에서 찾습니다. 양명에게 미발지중이란 곧 양지를 가리킵니다. 양지는 무엇이 옳고 그른지 가릴 수 있는 시비 판단의 주체로서, 옳다고 판단되는 것은 실행하려고 애쓰고 그르다고 판단되는 것은 제거하려고 애씁니다. 그 결과 안연과 같이 '동일한 잘못을 거듭해 저지르는 것'과 '나의 노여움을 다른 사람에게 옮기는 것'이 잘못임을 깨닫고 이를 바로잡기 위해 노력하는 것입니다. 이것이 바로 양명이 말하고 있는 지행합일의 상태입니다.

앎과 행위가 함께 나아간다

양명은 고동교와 서신을 통해 '지'와 '행'의 문제를 논합니다. 고동교의 견해는 어땠을까요. 고동교는 견문을 통해 이루어지는 인식의 내용과 판단 자체를 '지'로, 그 판단에 따른 행동을 '행'으로 나누었습니다. 이런 입장에서 고동교는 주자의 견해와 마찬가지로 선지후행先知後行을 주장하죠. 예를 들어 밥인 줄 알고서야 먹고, 물인 줄 알고서야 마시며, 옷인 줄 알고서야 입고, 길인 줄 알고서야 가는 것이죠. 고동교에 따르면 밥을 먹으려는 마음은 '지'에 속하고 밥을 먹는 행위는 '행'에 속합니다. '지'와 '행'은 서로 기르고 분발시켜서 안과 밖, 근본과 말단을 하나로 관통하는 도리입니다. 그래서 둘 사이에 시간적인 차이가 거의 없다 하더라도 궁극적으

로는 서로 다른 개념이죠. 그런데 두 가지 개념이 어떻게 합일할
수 있다는 말일까요?

양명의 대답 가운데 가장 독창적인 부분이 있습니다. 다름 아
닌 '…하고자 하는 마음'을 행위의 일부분으로 구분해 귀속시킨다
는 점입니다. 사람이 어떤 일을 하려고 할 때는 마음속에 생각이
일어나는데, 이런 생각이 바로 행위의 시작이라는 뜻입니다. 무릇
사람은 반드시 먹고자 하는 마음이 있은 뒤에야 밥인 줄 압니다.
이것이 바로 '…하고자 하는 마음'이며 행위의 시작입니다. 음식
의 맛이 좋은지 나쁜지는 반드시 입에 넣어 씹어본 뒤에야 알 수
있습니다. 입에 넣어보지도 않고 음식 맛이 좋은지 나쁜지 판단할
수는 없죠. 또 사람은 반드시 걷고자 하는 마음이 생긴 뒤에야 그
것이 길인 줄 압니다. 이것이 바로 '…하고자 하는 마음'이며 행위
의 시작입니다. 길이 험한지 평탄한지는 반드시 걸어본 뒤에야 압
니다. 어떻게 몸소 걸어보지도 않고 길이 험한지 평탄한지를 먼저
알 수 있겠습니까.

앎과 행위가 합일해 함께 나아간다. −132조목

양명은 먹고자 하고 걷고자 하는 의식 작용을 행위의 시작으
로 바라봅니다. 이는 그가 통상적인 의미에서의 심리활동까지 '행'
의 구성 요소로 바라봄을 뜻하죠. 고동교가 생각하는 '행' 또한 행
위의 일부분이기는 하지만, 행위의 시작이 아니라 행위의 완성으

로서의 '행'을 가리킵니다. 이에 반해 양명이 말하는 '행'은 행위의 시작임과 동시에 완성이죠. 행위의 완성이란 다름 아닌 치지 과정의 완성이라 할 수 있습니다. 양명에게 '지'는 주자와 같이 객관 대상에 대한 인식 내용이나 판단을 의미하는 게 아니라, 인식하고 판단하는 주체이자 판단 근거로서의 양지를 가리킵니다. '지'와 '행'은 결코 나누어질 수 없는 한 가지 일입니다. '지'란 행위가 밝게 깨닫고 정밀하게 살피는 곳이고, '행'이란 앎이 진실하고 독실한 곳입니다. 또한 앎은 실천의 시작이고, 실천은 앎의 완성입니다. 즉 '행'을 통해 '지'가 완성되죠. 그러므로 양명은 "참된 앎은 곧 실천하는 까닭이니, 실천하지 않으면 그것을 앎이라고 하기에 부족하다"라고 했습니다. 만약 이런 도리를 터득하면 '지'를 말할 때 '행'이 이미 그 속에 있게 되고, '행'을 말할 때 '지'가 이미 그 속에 있게 되는 셈입니다. 다만 후세의 학자들이 '지'와 '행'을 두 부분으로 나누어 공부함으로써 앎과 행위의 본체를 잃어버렸기 때문에 합일병진合一竝進의 학설이 있게 된 것입니다.

오직 행하는 것이 어렵다

중국 고전에서는 '지'와 '행'에 관해 언급한 대목을 적지 않게 찾아볼 수 있습니다. 그 가운데 하나인 《좌전》에서는 "아는 것이 실로 어려운 것이 아니라 행하는 것이 어렵다非知之實難, 將在行之"라고 했고, 《상서》〈열명중〉에서는 "아는 것이 어려운 것이 아니라 행하는 것이 오직 어렵다知之匪艱. 行之惟艱"라고 했습니다. 이런 기록은 모두 아는 것보다 행하는 것이 더욱 중요함을 강조합니다.

이와 반대로 중국의 사상가였던 쑨원은 '행하기는 쉬우나 알기는 어렵다'는 명제를 제시했습니다. 그가 실천보다도 앎을 강조하고 있는 이유는 분명합니다. 청나라 말기인 당시에는 혁명 이론으로 무장하는 것이야말로 가장 긴박한 문제였습니다. 그래서 쑨원은 《민권주의》에서 "천하의 일은 분명히 행하기는 쉬우나 알기 어렵다"라고 말했죠. '알기 어렵다'는 것은 단순히 머리로 이해하는 수준을 넘어 본질적으로 체득하는 것을 뜻합니다. 단순히 수박 겉핥기식으로 이해하고 수긍하는 데 그치지 않고, 철저한 고민과 사색을 통해 진정한 자기 지식으로 만드는 과정은 결코 쉽지 않겠죠. 이런 과정을 거치면 어떻게 될까요. 향기가 가득한 방에 들어가면 자연스레 몸이 향기에 흠뻑 젖어들 듯이, 이미 온몸이 그 앎에 젖어 있을 테죠. 당연히 배운 내용을 더욱 쉽게 행동에 옮길 수 있습니다.

그렇다면 양명은 '아는 것이 쉽고 행하는 것이 어려운가' 아니면 '아는 것이 어렵고 행하는 것이 쉬운가' 하는 문제에서 어느 견해를 따르고 있을까요? 제자 가운데 어떤 이가 양명의 지행합일설에 의문을 제기하면서 《상서》의 "아는 것이 어려운 것이 아니라 행하는 것이 오직 어렵다"는 구절을 인용해 양명에게 다음과 같이 물었습니다. 역사적으로 이미 쉽고 어려움으로 '지'와 '행'을 말하고 있다는 것을 살펴보면, '지'와 '행'이 하나가 아닌 둘이라는 사실이 분명하지 않느냐고. 이에 대한 양명의 대답이 매우 흥미롭습니다.

> 양지는 저절로 알 수 있으니, 이것은 원래 쉬운 것이다. 다만 그 양지를 실현할 수 없을 뿐이니, 이것이 바로 '아는 것이 어려운 것이 아니라 행하는 것이 오직 어렵다'는 말의 의미다. —320 조목

양지는 누구나 선천적으로 지니고 있으며 후천적인 학습이나 사고를 통해 알 수 있는 게 아닙니다. '양지는 저절로 알 수 있다'라는 것은 양지 자체가 하나의 완전체로서 시비선악을 판단하는 주체임을 말하죠. '원래 쉬운 것'이라는 주장은 양명 심학에서 일관되게 강조하는 바입니다. 양명은 심학이란 주자학과 같이 지리支離하거나 복잡하고 어려운 학문이 아니라 쉽고 간략한 학문이라는 견해를 일관되게 견지합니다. 양지는 사람마다 마음속에 들어 있어 생각하지 않아도 알고 배우지 않아도 능한 것이기 때문입니다. 하지만 양명은 사람들이 비록 양지를 배우는 게 쉽다는 사실을 알기는 하지만 현실적으로 양지를 실천하려 하지 않기 때문에 《상서》의 "아는 것이 실로 어려운 것이 아니라 행하는 것이 어렵다"라는 구절을 인용해 증명했던 것이죠.

'아는 것은 쉽고 행하는 것이 어렵다'는 견해는 당시 대다수의 사람이 다만 배움에만 힘을 쏟고 실천을 등한시하는 현상을 겨냥

한 것입니다. 양명은 "알면서도 실천하지 않는 경우는 없다. 알면서도 실천하지 않는다면 이것은 모르는 것이다"라고 해 앎과 실천의 불일치는 참다운 앎이 아니라고 부정합니다. 이를 양지와 치양지의 관계로 설명하면 다음과 같습니다. 양지는 저절로 알 수 있으므로 '지'나 '행'을 막론하고 원래 쉬운 것입니다. 아는 것도 쉽게 알 수 있고, 행하는 것도 쉽게 행할 수 있습니다. 행위는 다름 아닌 양지의 실현이기 때문에 앎과 행위는 본래 합일합니다. 다만 현실 속에서 사람들은 종종 양지가 쉽다는 것만 알고 자신의 몸과 마음을 통해 착실하게 치양지 공부를 하지 않습니다. 자연히 '아는 것은 쉽고 행하는 것은 어려운' 양상을 띠죠. 다시 말해, 앎과 행위가 합일하지 않는 것은 양지를 실천하지 못하기 때문입니다.

오늘날을 살아가는 우리 또한 '아는 것이 쉽고 행하는 것이 어려운가' 아니면 '행하는 것이 쉽고 아는 것이 어려운가' 하는 문제를 진지하게 고민해볼 필요가 있습니다. '지'와 '행'의 문제는 결코 분리해서 생각할 수 없습니다. 이는 다분히 시대성을 지니고 있어서 어느 한쪽만 중시하고 다른 한쪽을 소홀히 할 수 없죠. 양자는 절대적으로 대립하는 게 아니라 일정한 조건에서 서로 바뀔 수 있는 가능성을 지니고 있습니다. 그러나 저를 포함해 알고도 행하지 않고, 자신이 말한 것을 행동에 옮기지 않는 경우가 많은 오늘날에는, 단순히 아는 데서 그칠 게 아니라 이를 실천해나갈 수 있는 의지를 기르는 편이 더 중요하지 않을까 싶습니다.

중화와 사사로움

중화中和는 앞서 살펴본 《중용》 1장에 나오는 개념입니다. "기쁨, 성냄, 슬픔, 즐거움이라는 감정이 아직 발현되지 않은 상태를 중이라 하고, 그것이 발현되어 모두 상황에 딱 들어맞는 것을 화라 한다"는 데서 비롯했죠. 희로애락의 본체인 양지는 본래 중화입니다. 이때 중화는 본체로서의 양지와 작용상태로서의 양지를 아울러 가리킵니다.

희로애락의 본체는 본래 중화이다. 그 본체에 자신의 생각을 조금이라도 붙이자마자 곧 지나치거나 미치지 못하게 되니, 그것이 바로 사사로움이다. −58조목

양명에 따르면 본체로서의 양지는 무선무악無善無惡, 즉 상대적인 의미의 선과 악이 없는 지극히 선한 상태를 가리킵니다. 희로애락의 본체는 양지로서 미발지중입니다. 즉 감정이 아직 발하지 않은 중中이 있은 뒤에 곧 감정이 일어나 절도에 맞는 화和의 상태가 뒤따릅니다. 따라서 양지는 중화적이라고 말할 수 있습니다. 중화적인 양지 본체는 지나치거나 모자람이 없이 그 자체로 완전한 존재입니다. 조금이라도 보태거나 덜어낼 것이 없습니다.

다음으로 작용상태로서의 양지란, 무엇이 선이고 무엇이 악인지 아는 것입니다. 양지 자체는 본래 무엇에 가리어지거나 얽매임

이 없는 상태에 있습니다. 이것이 선도 없고 악도 없는 미발 상태로서의 중中입니다. 하지만 미발 상태로서의 양지가 발현할 때는 본래 모습대로 발현되는 경우와 그러지 않는 경우로 나뉩니다. 양지의 본래 모습대로 발현된다면 선한 모습으로 나타나지만, 그러지 않고 양지가 사욕이나 물욕에 의해 가려지면 악해집니다. 개인적인 생각을 조금이라도 덧붙인다면 양지가 그것에 가려지고 얽매여서 지나치거나 모자라게 됩니다.

그렇다면 양지가 지나치거나 모자란다는 것은 어떤 의미일까요? 양지 자체가 선한 상태와 악한 상태로 발현된다면, 양지가 본래 지극히 선하다는 말과 모순되는 게 아닐까요? 양명은 때때로 양지를 거울과 태양에 비유해 설명합니다. 양지는 거울이나 태양과 같이 본래 맑고 밝은 모습을 유지합니다. 하지만 거울이나 태양은 먼지나 구름으로 인해 덮이거나 가려지는 경우가 생깁니다. 거울과 태양이 비록 먼지나 구름으로 덮이거나 가려졌다 해서 거울이나 태양 자체가 사라지는 건 아닙니다. 외부 요건으로 인해 잠시 활동이 멈춘 듯 보일 뿐입니다. 먼지나 구름을 제거한다면 거울과 태양은 본래의 기능을 회복할 테죠.

양지 본체가 지나치거나 모자라게 되는 것은 다름 아닌 사사로움 때문입니다. 여기에서 말하는 사사로움이란 마치 태양이나 거울을 가리고 있는 구름이나 먼지와 같습니다. 양지는 이런 마음의 상태를 진단합니다. 양명에게 양지는 자사自私나 물욕에 의해 초래된, 지나치거나 모자란 상태를 진단하는 역할을 합니다. 그리고 여기서 사사로움을 제거하는 공부가 요구됩니다. 양명이 지선지악知善知惡을 말함과 동시에 위선거악爲善去惡을 언급하는 이유죠. 이는 또한 양명이 '지'와 '행'을 하나로 보는 지행합일을 주장하는 이유이기도 합니다.

성인이 성인일 수 있는 근거

———————

제6장

良
知

마음의 본체로서의 양지

양지라는 개념은 원래 맹자로부터 유래합니다. 《맹자》〈진심상〉에서는 양지에 대해 다음과 같이 언급합니다. "사람이 배우지 않고서도 할 수 있는 것은 양능이 있기 때문이고, 생각하지 않고서도 알 수 있는 것은 양지가 있기 때문이다. 어린아이도 그 부모를 사랑해야 함을 모르지 않고, 자라서는 그 형을 공경해야 함을 모르지 않는다." 맹자는 '어린아이도 그 부모를 사랑해야 함을 모르지 않고, 자라서는 그 형을 공경해야 함을 모르지 않는다'고 하여, 부모와 형을 보면 사랑하고 공경하는 마음이 자연히 생겨남을 강조합니다. 이처럼 효와 공경의 도리를 알 수 있는 능력은 후천적인 학습을 통해 얻는 지식이 아니라 누구나 선천적으로 타고나는 본성입니다. 즉 양지와 양능은 배우지 않고서도 할 수 있고 생각하지 않고서도 알 수 있는 마음 본체의 작용입니다. 모든 사람에게 선천적으로 동일하게 갖추어져 있기 때문에 이를 실천하려는 의지만 있으면 모두 드러낼 수 있습니다.

또한 '생각하지 않고서도 알 수 있는' 양지의 '지'는 후천적으로 외적인 대상에 대해 아는 것이 아닙니다. 한마디로 말해 자기 자신에 대한 자각입니다. 양명은 이런 양지를 '마음의 본체'라고 하고 있는데, 그렇다면 양명이 말하는 본체란 무엇을 의미할까요? 송명이학에서 말하는 본체라는 개념에는 다음과 같은 의미가 있습니다. 첫째, 어떤 존재의 본래 상태, 본래 속성, 본래면목을 가리킵니다. 둘째, 체용體用 범주에 속하는 것으로, 현상 배후에 존재하는 원인 혹은 본질을 의미합니다. 셋째, 공부라는 개념과 대비되는 것으로, 공부의 근거와 더불어 공부를 통해서 궁극적으로 도달하고자 하는 목표를 가리킵니다. 여기에서 양명이 '양지는 마음의 본체'라고 할 때의 본체는 바로 현상 배후의 원인 혹은 본질을 가리키는 것입니다.

> 앎은 마음의 본체이며, 마음은 자연히 알 수 있다. 부모를 뵈면 자연히 효도할 줄 알고, 형을 뵈면 자연히 공경할 줄 알며, 어린 아이가 우물에 빠지는 것을 보면 자연히 측은해할 줄 안다. 이 것이 바로 양지이니 밖에서 구할 필요가 없다. ─8조목

양명에 따르면, 마음에는 지각 작용이나 감각 기관을 주재하는 근거가 있는데, 이것이 바로 성性 또는 천리라 일컬어지는 양지

입니다. 효도할 줄 알고 공경할 줄 알며 측은해할 줄 아는 근거가
다름 아닌 내 마음의 양지입니다. 양지는 성인이나 보통 사람의
구별 없이 모두 선천적으로 타고나며, 외부에서 구할 수 있는 것
이 아닙니다.

그런데 양지가 사람이 본래 갖추고 있는 것이라면, 왜 우리는
공부에 의존해야 할까요? 양지 본체는 사람마다 모두 지니고 있
지만 사람마다 모두 발현할 수 있는 게 아닙니다. 성인은 양지의
본래 모습을 잘 발현할 수 있습니다. 양지를 온전히 보존해 조금
이라도 가려진 부분이 없기 때문입니다. 비유해서 말하자면, 이때
의 양지는 구름에 가려지지 않은 태양이자, 더러운 먼지나 티끌이
전혀 끼어 있지 않은 맑은 거울과 같다 하겠습니다. 이와 달리 보
통 사람은 양지를 잘 발현할 수 없을뿐더러 자기 자신에게 양지가
있다는 사실조차 모를 때가 있습니다. 그 이유는 무엇일까요? 보
통 사람의 경우 양지의 본래 모습이 물욕이나 사욕에 덮여 가려졌
기 때문입니다. 그러나 양지가 물욕이나 사욕에 의해 어둡게 가려
졌다고 해서 본체에 그 무엇이 보태지거나 덜어지지는 않습니다.
태양이 구름에 가려진 모습을 상상하면 쉽습니다. 태양이 구름에
가려졌다 해서 태양의 본래 모습이 완전히 사라진 것은 아니죠.
비록 극도로 어둡게 가려졌다고 하더라도 태양은 자고로 밝지 않
은 적이 없습니다. 구름이 지나가면 태양은 본래 모습을 회복하게
될 것입니다.

그런 까닭에 보통 사람은 반드시 앎을 실천하고 의념을 바로잡

는 공부를 통해 사사로움을 이기고 가리어짐을 제거해 마음의 본체를 회복해야 합니다. 이런 공부가 바로 치지 공부입니다.

하늘이 내린 총명으로서의 양지

양명은 선을 알고 악을 아는 도덕 본심으로서의 양지를 하늘이 내린 총명으로 설명합니다. 하늘이 내린 총명이란 하늘이 부여한 본성으로, 양지 자체를 의미합니다. 양지는 생각이 발했을 때 무엇이 선이고 무엇이 악인지 알아서 知善知惡 선을 확충하고 악을 억제하는 爲善去惡 역할을 합니다. 사람들이 선을 알아 행하고 잘못을 고쳐서 선해지며 자각적으로 도덕적인 생활을 하는 것은 바로 우리 마음에 본체로서의 양지가 존재하기 때문입니다.

> 선한 생각이 발할 때 그것을 알아서 확충하고, 악한 생각이 발할 때 그것을 알아서 막는다. 알고 확충하고 막는 것은 의지이며, 하늘이 내린 총명이다. 성인은 단지 그것을 지니고 있을 뿐이고, 배우는 자는 마땅히 그것을 보존해야 한다. ―71조목

어떤 사람이 의지를 지니고 있느냐 없느냐를 판단하는 기준은 뭘까요. 바로 그가 어떤 일을 할 때 조금도 느슨해지지 않고 처음 마음먹은 대로 그 일을 꾸준하게 추진하느냐에 달려 있습니다. 사

134

실 누구에게나 인생의 기회가 찾아옵니다. 다만 어떤 사람은 자신에게 주어진 기회를 잘 활용하는 반면, 어떤 사람은 자신에게 주어진 기회를 잃어버려 실패할 뿐입니다. 이런 성공과 실패는 저마다 지닌 의지력의 차이에서 말미암습니다. 강한 의지력으로 끝까지 견지해나가느냐, 그러지 않고 중도에서 포기하느냐에 따라 전혀 다른 결과를 초래하는 것이죠.

"성인은 단지 그것을 지니고 있을 뿐"이라는 말은, 성인이 선천적으로 내재된 선악 판단의 기준인 양지를 본래 모습 그대로 간직하고 있음을 의미합니다. 그러므로 성인은 인위적인 공부를 통해 본체를 깨닫는 공부가 필요하지 않고 다만 본체에 대한 깨달음을 중시합니다. "배우는 자는 마땅히 그것을 보존해야 한다"는 말은, 성인을 제외한 대다수 사람은 공부를 통해 본체에 대한 깨달음을 추구해야 한다는 뜻입니다. 외적인 사욕이나 물욕에 가려 마음의 본래 모습이 제대로 발현되지 못할 때 마땅히 공부를 통해 마음의 본래 모습을 되찾아 보존하는 작업이 필요하다는 것이죠.

생명의 발단으로서의 양지

나무에는 뿌리가 있어서 싹이 돋고 줄기가 생겨납니다. 줄기가 나온 뒤에는 가지와 잎이 생기며, 그런 뒤에 끊임없이 생장합니다. 만약 뿌리가 없다면 어떻게 싹이 돋고 줄기가 나오며 가지와 잎이 생길까요? 싹이 돋아난다는 것은 반드시 아래에 뿌리가 있다는 의미입니다. 양명은 사람의 마음을 나무의 뿌리에 비유해 이렇게 말합니다.

뿌리가 있어야 비로소 살고, 뿌리가 없으면 곧 죽는다. —93조목

사람이라면 누구나 뿌리가 없을 수 없습니다. 양지가 바로 하늘이 심어준 영명한 뿌리이며, 이것은 저절로 쉬지 않고 생장합니다. 뿌리가 있고 나서 가지나 잎이 나올 수 있듯, 부모에게 효도하려는 마음이 있어야 효도할 방법을 강구하게 됩니다. 나무에 비유하면 효도하려는 마음은 뿌리이고, 여름에는 시원하고 겨울에는 따뜻하게 해드리는 등의 세세한 조목은 가지와 잎입니다. 반드시 먼저 뿌리가 있은 뒤에 가지나 잎이 나지, 먼저 가지나 잎을 찾은 뒤에 뿌리를 심을 수 있는 게 아닙니다.

물론 때로는 현실적으로 부모에게 효도하지 못하는 상황이 발생하기도 합니다. 이는 효의 뿌리인 양지의 활동이 사욕에 가로막히기 때문입니다. 사욕이 뿌리를 해치고 나무가 자랄 수 없게 막는 것이죠. 그러므로 학문하는 목적은 양지의 활동을 가로막는 일체의 사욕을 제거하는 데 있습니다.

양지는 독지다

양지란 맹자가 "시비지심은 사람이 모두 가지고 있다"라고 말할 때의 그 시비지심입니다. 시비지심은 헤아리지 않고도 알고 배우지 않고도 터득할 수 있기 때문에 양지라고 합니다. 이는 하늘이 부여한 성이고 내 마음의 본체로서 대상을 환하게 인식할 수 있는 능력입니다. 의념이 일어나면 언제나 내 마음의 양지가 그 의념의 옳고 그름, 선함과 악함을 스스로 인식합니다. 이와 같이 의념의 시비선악을 자연히 알아차리는 양지를 독지獨知라고 표현합니다.

독지라는 개념은 유가 경전인 《대학》과 《중용》에 보입니다. 《대학》에서는 "그러므로 군자는 반드시 그 홀로를 삼간다"고 했고, 《중용》에서는 "그러므로 군자는 그 홀로를 삼간다"고 했습니다. 주자는 《대학》과 《중용》에 보이는 '독' 자를 해석해 "독이란 다른 사람은 알지 못하고 자신만이 홀로 아는 것이다"라고 정의내립니다. 양명은 이런 주자의 견해를 계승, 발전시키는 한편 독지 개념으로 양지를 해석하죠. 이것이 주자와 구별되는 왕양명의 독창적인 부분이라 할 수 있습니다. 양명은 말합니다.

> 이른바 다른 사람은 비록 알지 못하더라도 자기 홀로 안다는 것, 이것이 바로 내 마음의 양지다. ─317조목

구체적으로 말하자면, 독지는 개개인이 소유하고 있는 내심의

세계이자 내재적인 심리활동입니다. 사람이 홀로 있을 때의 심리
활동은 다른 사람은 절대 알 수 없고 오직 자기 자신만이 알 수 있
습니다. 다른 사람을 위해 봉사활동을 하는 경우를 예로 들어보
죠. 진정 상대를 위하는 마음으로 봉사를 하면 저도 모르게 마음
이 편해집니다. 하지만 단순히 어딘가에 제출할 봉사 점수를 받기
위해 시간을 채우려는 마음으로 봉사활동을 한다면 성취감이나
내면의 기쁨이 반감됩니다. 겉으로 드러난 행위는 같아도 내면의
심리는 다르며, 이것은 오직 자기 자신만이 알 수 있습니다. 이처
럼 다른 사람은 알지 못하고 자기 자신만이 알 수 있는 것이 바로
독지이자 양지입니다.

양명이 양지에 '홀로 앎'이라는 의미를 부여한 목적은 무엇일
까요. 양지는 개개인의 마음속에 내재되어 있는, 다른 사람이 전
혀 힘을 보태주거나 상관하기 어려운 자신만의 준칙임을 강조하
기 위해서입니다. 예를 들어, 자기 몸 가운데 어느 부위가 아프다
거나 가렵다면 어떨까요. 아픈 부위나 가려운 부위는 자기 자신만
이 알 수 있고, 가려운 곳을 알아서 긁거나 아픈 곳을 알아서 문지
를 수 있는 사람도 오직 자신뿐입니다. 그러니 혼자 알아서 긁거
나 문지르는 수밖에는 도리가 없죠.

양지는 또한 법정을 주재하는 법관에 비유되기도 합니다. 법
관은 법정에서 어떤 사건에 대한 판결을 내릴 때 오직 자신의 양
심과 독립적인 의지에 따라 안건을 심리하고, 스스로 시비선악을
판단합니다. 양지도 마찬가지입니다. 일이 없을 때나 있을 때를

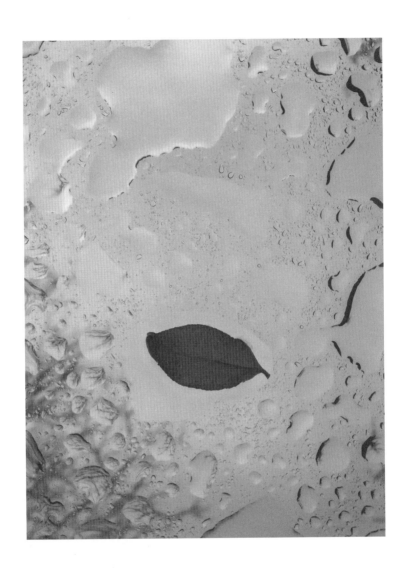

다른 사람은 비록 알지 못하더라도 자기 홀로 안다는 것,
이것이 바로 내 마음의 양지다.

막론하고 스스로 감독하고 심사하며, 어떤 생각이 착한지 악한지, 거짓인지 참인지, 정의를 구현하는지 사사로운 이익을 추구하는지 등을 판단해 본래 모습을 드러냅니다.

그런데 여기서 양명의 양지학이 당면한 중대한 이론 문제가 제기됩니다. 즉 어떻게 하면 양지와 독지 이론이 단순히 자신의 사사로움을 과시하는 구실로 악용되지 않도록 방지할 수 있는가 하는 문제입니다. 명나라 말기에 이르러 일련의 학자들에 의해 진행된 심학에 대한 반성과 비판을 통해 밝혀진 바와 같이, 심학 말류에는 중대한 폐단이 있었습니다. 종종 개인적인 욕망과 지식을 양지로 생각하는 문제가 바로 그것입니다. 그 원인은 바로 다른 사람은 자신의 양지를 알 수 없고 자기 자신만이 안다는 관념을 중시한 데서 말미암습니다.

양지를 스스로 알고 홀로 안다는 것은 물론 중요한 사실입니다. 그런데 양명은 양지의 독지성을 강조함과 동시에 양지의 보편적 특징에 관해서도 언급합니다. 양명은 "양지는 천리"라고 거듭 강조합니다. "양지는 천리"라는 말 속에는 시비선악의 표준인 양지는 개인적인 동시에 모든 사람이 공유하는 것임을 밝히고자 하는 의도가 내재되어 있습니다.

양지는 준칙이다

양지 개념은 양명이 새롭게 만들어낸 게 아니라 맹자의 개념을 계승, 발전시킨 것입니다. 맹자에 따르면, 사람에게는 누구나 시비 선악을 가리는 능력이 있는데 이를 양지양능이라 합니다. 맹자가 말하는 양지양능은 사람이 태어나면서부터 선천적으로 지닌 것이지 후천적으로 배우거나 얻을 수 있는 게 아닙니다. 또한 맹자는 지智를 '시비지심'이라 정의합니다. 시비지심, 즉 옳고 그름을 가리는 마음이 '지혜를 행할 수 있는 단서智之端'가 된다는 말이죠.

> 양지는 다만 옳고 그름을 분별하는 마음이다. 옳고 그름을 분별하는 것은 다만 옳음을 좋아하고 그름을 싫어하는 것이다. 단지 옳음을 좋아하고 그름을 싫어하기만 한다면 곧 옳고 그름의 분별을 다하게 된다. …… 시비 두 글자는 하나의 커다란 표준이다. 그것을 능숙하게 사용하는 관건은 그 사람에게 달려 있다.
> —288조목

양명은 맹자의 이론을 계승해 양지를 시비지심이라 표현합니다. "시비지심은 사려하지 않고도 알고, 배우지 않고도 능한 것으로 이른바 양지이다." 다만 양명은 맹자의 지智를 지知로 바꿔 사용하는데, 그 의미는 서로 통합니다. 중요한 건 누구나 선천적으로 지닌 시비지심이 양지이고, 이런 양지가 바로 무엇이 옳고 무엇이 그른지 판단할 수 있는 자기 자신의 준칙이라는 점입니다.

이런 점에서 살펴보면 사람이 행위 근거로 삼는 법규 제도와 예의 규범은 후천적이며 외재적입니다. 그러므로 양지는 외재적인 법규 제도나 예의 규범의 명령에 따르지 않으며, 반대로 외재적인 법규 제도나 예의 규범이 양지의 판단에 따라야만 상응하는 의미를 가질 수 있죠. 이런 점에서 양지를 '자기 자신의 준칙'이라 하는 것입니다.

양지는 시비와 선악을 환하게 드러내는 밝은 거울과 같이 어떤 사물이든 비추지 않음이 없습니다. 말하자면 양지의 빛 아래 옳은 것은 옳은 것으로, 그른 것은 그른 것으로 드러납니다. 세상의 어떤 시비와 선악도 양지를 속일 수 없습니다. 그러므로 누구든지 자신의 양지를 속이지 않고 착실하게 행한다면 선을 보존하고 악을 제거할 수 있습니다.

선을 알고 악을 아는 마음과 선을 좋아하고 악을 미워하는 마음이 따로 있는 것이 아닙니다. 또 선을 좋아하고 악을 미워하는 마음과 선을 행하고 악을 제거하는 마음이 따로 있는 것도 아닙니다. 다시 말해, 무엇이 선이고 악인지 알게 되면 자연히 선한 것을 좋아하고 악한 것을 싫어하게 되며, 자연히 선한 것을 행하고 악한 것을 제거하려는 행위가 뒤따릅니다.

여기서 "옳고 그름을 분별하는 것은 다만 옳음을 좋아하고 그름을 싫어하는 것이다"라는 구절은 정확히 이해할 필요가 있습니다. 양명 후학 가운데 일부는 무턱대고 자신의 주관적인 직관에 따라 마음대로 하는 것이 양지라고 잘못 이해했습니다. 자신의 마음이 완벽하기 때문에 다른 공부는 필요 없고, 오직 내 마음이 하고 싶은 대로 행하면 된다고 생각한 거죠. 그 결과 제멋대로 행동하면서 사욕을 좇는 '임정종욕任情縱慾'을 내 마음에 있는 시비지심을 따르는 것이라고 오인하기에 이릅니다.

양명은 시비를 가름하는 표준을 적절하게 운용하는 관건이 그것을 운용하는 사람에게 달려 있음을 강조합니다. 즉 누구나 선천적으로 양지를 지니고 있다는 면에서는 동일하지만, 이를 잘 운용하느냐 그러지 못하느냐에 따라 성인과 보통 사람으로 나뉘는 것입니다. 양지를 실현하는 데 힘쓴다면 저절로 시비를 공유하고 호오를 함께하며, 남을 자기와 같이 보고 나라를 한집안처럼 보며 천지 만물을 한 몸으로 여길 수 있습니다. 양지를 실현함으로써 만물 일체를 실현할 수 있는 것이죠. 이렇게 되면 천하를 다스리는 일도 손바닥 뒤집는 일만큼이나 수월해집니다.

이 대목에서 시비 판단의 표준을 잘 운용하는 치양지 공부가 매우 중요해집니다. 그러지 못한다면 지금까지 공부한 것들이 다만 아무런 가치 없는 헛된 공문空文에 지나지 않을 테니까요.

양지는 아는 것도 없고 알지 못하는 것도 없다

양명은 양지 본체를 "앎이 없으면서도 알지 못하는 바가 없는 것無

知無不知"이라고 설명합니다. 만물의 본체인 도道를 "무위이무불위無
爲而無不爲"라고 설명한 노자의 논법을 빌렸죠.

앎이 없으면서도 알지 못하는 바가 없는 것은 본체가 원래 그와
같은 것이다. ─282조목

'앎이 없다'는 것은 양지 본체가 어떤 특정한 지식이 아니라는
의미입니다. 어떤 특정한 앎은 모든 것에 대한 앎의 근원일 수 없
습니다. 양지는 어떤 특정한 앎이 아니라 일체 지식의 근원입니
다. 이런 측면에서 양지는 "알지 못하는 바가 없다"고 말할 수 있
습니다. 양명은 "앎이 없으면서도 알지 못하는 바가 없는" 양지
본체를 태양에 비유해 설명합니다. 태양은 일찍이 의도적으로 사
물을 비추려는 마음을 지닌 적이 없지만 저절로 비추지 않는 사물
이 없습니다. 이처럼 의도적으로 비춤이 없으면서도 비추지 않음
이 없는 것이 태양의 본체입니다.

양지는 무지해 본래 앎이 없는데도 이제 도리어 앎이 있기를
요구하고, 본래 알지 못하는 것이 없는데도 이제 도리어 알지 못
하는 것이 있다고 의심한다면, 이는 단지 자기 자신에게 내재한
양지에 대한 믿음이 절대적으로 부족해서입니다. 양명은 마음의
본체를 지극히 선한 존재로 규정하기도 하고 무선무악이라 규정
하기도 합니다. 여기서 양명이 말하는 무선무악은 상대적인 선악
개념을 초월한 상태를 의미합니다. 상대적인 의미의 선이나 악으

로 규정할 수 없는 단계, 즉 논리적으로 선악이 갈라지기 이전의 상태를 말하죠. 만약 마음의 본체를 어떤 특정한 선으로 규정한다면 그것은 마찬가지로 일체 선의 근원일 수 없습니다. 일체 선의 근원이 되기 위해서는 선악의 상대적 경계를 넘어선 절대적 지평에 마음의 본체를 설정할 수밖에 없습니다. 다시 말해 양지는 구체적인 어떤 선이 아니기 때문에 일체 선의 준거일 수 있습니다.

공자께서 말씀하셨습니다. "내가 아는 것이 있는가? 아는 것이 없다. 그러나 촌부가 나에게 무엇을 묻는다면, 먼저 편견을 버리고 텅 비어 없는 것처럼 해 그 질문의 본말을 완전하게 파악한 뒤 힘을 다해 답할 것이다." 이와 같이 비록 지극히 어리석은 질문을 하더라도 그 내용을 정확히 파악해 마침내 질문자가 스스로 이해할 수 있도록 설명하는 것이 공자의 교육 방식입니다. 공자는 질문을 받으면 그 배경이나 질문자가 처한 상황을 종합적으로 고찰해 설명했습니다. 근본과 말단, 정면과 이면, 현상과 본질 등 사물의 양면을 자세히 살펴보고 궁리해 그 근본 이치를 깨닫도록 이끌었죠. 이런 방법은 효과가 좋을 수밖에 없습니다. 어떤 문제의 진정한 해답을 찾을 수 있는 사람은 바로 문제를 제기한 당사자일 수밖에 없기 때문입니다. 스승은 다만 참고할 만한 의견을 제시해 스스로 문제를 분석할 수 있게 도움을 줄 뿐, 이해득실을 따져보고 어떻게 취사선택할지는 온전히 질문한 사람 스스로에게 달려 있습니다.

이 단락을 해석한 대부분의 이학가理學家는 당연히 주자의 설을 전형으로 삼습니다. 주자는 '무지'에 대해 "공자는 스스로 지식이 없다고 겸손하게 말했다"라고 설명합니다. 이에 반해 양명은 공자가 말한 "내가 아는 것이 있을까? 나는 아는 것이 없다"라고 할 때의 '아는 것이 없다'는 다름 아닌 '양지 이외에 따로 앎은 없다'라는 의미로 파악합니다. 이때의 앎이란 경험적 지식을 가리킵니다. 그러므로 "양지를 실현하는 것이 학문의 커다란 핵심이며, 성인이 사람들에게 가르쳐주신 가장 근본적인 뜻"이 됩니다.

양명은 또한 "공자는 어리석고 천한 사람이 와서 물어도 먼저 어떤 지식을 가지고 그에 응답한 적이 없었다. 공자의 마음은 다만 텅 비어 있을 따름이었다"라고 했습니다. 공자는 단지 그 사람 자신이 알고 있는 옳고 그름의 양단을 두드려서 그에게 하나의 판단을 내려주었을 뿐입니다. 어리석고 천한 사람이 스스로 알고 있는 옳고 그름이 바로 그가 본래 지닌 천연의 준칙인 양지입니다. 만약 공자가 어리석고 천한 사람과 말할 때 약간의 지식이라도 남겨두었다면 그의 양지를 온전히 이끌어낼 수 없었을 테고, 도의 본체는 둘이 되었을 것입니다.

양지는 저절로 알고 저절로 깨닫는다

양명에 따르면, 의념이나 생각, 칠정은 예외 없이 모두 천리인 양지가 발함으로써 작용합니다. 이런 의념이나 생각, 칠정은 사람의 마음에 본래 있는 것으로, 본디 바르고 바르지 않음, 선과 악의 구별이 없습니다. 의념이나 생각이 양지가 발해 작용하는 대로라면 천리가 아닐 수 없고, 자연히 명백하고 쉽습니다. 칠정이 자연스럽게 운행하는 것 또한 양지의 작용입니다.

만약 의념이나 생각이 사사로운 뜻으로 양지의 작용을 왜곡한다면 분주하고 수고로워집니다. 또 칠정이 사욕이나 객기에 이끌려 집착하게 되면 양지의 본래 모습을 가리는 결과를 초래하죠. 그러나 이런 경우도 양지는 의념과 생각의 시비선악을 스스로 알고, 집착하는 것이 자신의 욕심임을 깨달을 수 있는 인식 주체입니다.

생각이 옳은지 그른지, 비뚤어졌는지 바른지를 양지는 스스로 알지 못하는 것이 없다. -169조목

양명은 "양지는 저절로 알 수 있으니, 이것은 원래 쉬운 것이다. 다만 그 양지를 실현할 수 없을 뿐이다. 이처럼 아는 것이 어려운 것이 아니라 행하는 것이 어렵다"라고 했습니다. 맹자의 양지설을 계승하고 발전시키는 과정에서 특히 양지의 '저절로 알고' '저절로 깨닫는' 의미를 강조한 것이죠.

그렇다면 양지는 어떻게 스스로 알 수 있을까요? 양지가 저절로 알 수 있는 근거는 어디에 있을까요? 양지가 저절로 알 수 있는 것은 내 마음의 본체가 텅 비고 영명해 어둡지 않기 때문입니

다. 무릇 의념이란 내 마음의 본체인 양지가 발현한 상태입니다. 의념이 발하면 양지가 이를 따라 작용해 의념을 감독하고 조절합니다. 의념이 양지의 본래 모습대로 발현한다면 선한 모습으로 드러나고, 인욕이나 물욕에 가려지면 악한 모습을 띨 겁니다. 이처럼 의념에는 선한 모습과 악한 모습이 공존합니다. 하지만 양지의 본체는 알지 못함이 없는 존재이기 때문에 의념이 선한지 악한지를 금방 알아차릴 수 있습니다. 그런데 스스로 알고 깨닫는 양지의 능력 자체가 영원히 정확할 거라는 사실을 어떻게 보증할 수 있을까요? 양지가 어떻게 의념의 선과 악을 알아차릴 수 있다는 걸까요? 이는 바로 양지는 내 마음의 본체이고, 내 마음의 본체는 천명지성天命之性이기 때문입니다. 천명지성은 지극히 착하고 사리사욕이 없는 마음입니다. 즉 양지가 시비선악을 판단할 수 있는 것은 양지 자체가 절대 지선한 가치 존재이기 때문입니다. 다시 말해, 양지의 도덕 판단력은 선의 가치 위에 기초를 두고 있죠.

'양지는 스스로 안다'는 이론이 의미하는 바는 분명합니다. 우리의 의식과 행위는 오직 양지를 따르기만 하면 됩니다. 양지 자체가 시비선악의 판단 기준이므로 우리가 의식하고 행위하는 모든 것의 기준을 양지로 적용하면 된다는 말입니다. 희로애락 등 칠정의 운동 또한 양지에 따른다면 선한 모습으로 나타납니다. 칠정 자체를 반드시 악하다고 여겨서는 안 됩니다. 만약 희로애락의 감정이 지나치거나 모자란 상태에 빠지면 양지 스스로 자각할 수 있다는 점이 중요합니다.

양지는 스스로 알고自知 스스로 깨닫는다自覺고 할 때, '자自'라는 글자에는 '스스로 할 수 있다'는 의미 외에 '저절로 그러하다自然'는 의미가 함축되어 있습니다. 마음 본체에서 나와 억지로 하지 않아도 되지 않음이 없는 까닭에, 이를 '저절로 그러함'이라 표현하죠. 인위적인 의식으로 강제하는 것을 배척하고, 저절로 그러함으로 인해 저절로 알 수 있음을 강조하는 것입니다. 만약 양지가 저절로 그러하지 않는다면 스스로 알 수 없는 까닭입니다.

양지는 어디에나 존재한다

마음의 본체로서의 양지는 태양과 같이 언제나 사방을 비추는 존재입니다. 이런 양지는 발동하는 것도 발동하지 않는 것도 없습니다. 인위적으로 하는 바가 없으나 이루어지지 않는 바도 없고, 어느 때 어느 곳에든 있지 않음이 없고 작용하지 않음이 없습니다. 간혹 마음에 거짓된 생각이 발동하더라도 양지는 있지 않은 적이 없고, 이 마음을 잃어버릴 때도 있지만 양지 본체는 있지 않은 적이 없으며, 간혹 가리어지는 때가 있더라도 양지 본체는 밝지 않은 적이 없습니다. 다만 보존할 줄 모르기 때문에 간혹 마음을 놓아버리는 때가 있을 뿐이고, 살필 줄 모르기 때문에 간혹 가리어지는 때가 있을 뿐입니다.

간혹 놓아버리는 때가 있더라도 그 마음의 본체는 실제로 있지 않은 적이 없으므로 그것을 보존하기만 하면 됩니다. 마찬가지로, 간혹 가리어지는 때가 있더라도 마음의 본체는 실제로 밝지 않은 적이 없으므로 그것을 살피기만 하면 됩니다. 따라서 양지가 일어난다거나 일어나지 않는다는 말로는 이 모든 사실을 형용할 수 없습니다.

양지가 사람 마음 가운데 있는 것은 성인이나 어리석은 사람이나 다름이 없으며, 또한 시공간을 초월해 영원히 존재합니다. 천년 이전이나 만 년 이후라도 이 세상은 끊임없이 변화해갈 테지만, 다만 어느 때 어느 곳에라도 양지는 항상 존재한다는 이 사실만큼은 영원히 변하지 않습니다. 과거 성현들이 지니고 있던 양지나 현재를 살아가는 우리가 지닌 양지나 미래 세대가 지닐 양지에는 어떤 차이도 없습니다.

마음의 본체는 일어남도 없고, 일어나지 않음도 없다. …… 만약 양지도 역시 일어나는 곳이 있다고 한다면, 이것은 양지가 있지 않은 때가 있다는 의미이니, 그 본체를 일컬은 것이 아니다. −152조목

양명이 강조하고자 하는 바는 분명합니다. 양지는 영원히 존재하며, 우매하거나 일시적으로 정상 상태에서 벗어났다고 해서 조금이라도 본래 모습이 감소하거나 없어지는 게 아니라는 사실입니다.

한마디로 요약하자면, 비록 사람의 상태는 천차만별이지만 양지 본체는 영원히 존재한다는 것이죠. 심지어는 도적조차 양지를 가지고 있습니다. 양명은 이렇게 말합니다. "사람에게 있는 양지는 그대가 어떻게 하든 없앨 수 없다. 비록 도적이라 하더라도 역시 도둑질이 마땅하지 않다는 것을 스스로 알고 있다. 그를 도적이라고 부르면 그도 역시 부끄러워한다." 그런 까닭에 사욕이나 물욕을 제거하기만 한다면 도적이라 할지라도 마음의 본체인 양지를 실현할 수 있는 것입니다.

악한 마음은 어디에서 오는가

모든 사람에게 양지가 있다면, 어떤 사람은 좋은 일을 하고 어떤 사람은 나쁜 일을 하는 이유가 무엇일까요? 이 질문에는 다음과 같은 의미가 숨어 있습니다. "만약 사람에게 선의가 없다면, 이는 사람마다 모두 양지를 가지고 있다는 결론과 어긋나는 것 아닌가요?" 이 질문에 양명은 다음과 같이 대답했습니다. "지선은 마음의 본체다. 본체에서 조금만 지나치면 바로 악이 된다. 하나의 선이 있고 또 하나의 악이 있어 상대하고 있는 게 아니다. 그러므로 선악은 하나일 뿐이다. 악한 사람의 마음은 다만 그 본체를 잃은 것이다."

양명에게 마음은 하나입니다. 인위적인 것이 아직 섞이지 않은 마음을 도심이라 하고, 인위적인 것이 섞인 마음을 인심이라 합니다. 인심이 그 바름을 얻은 것이 바로 도심이고, 도심이 그 바름을 잃은 것이 바로 인심이지, 애초에 두 마음이 있는 게 아닙니다. 반면 주희에게 인심이란 대체로 인간의 신체적 기운에서 생기고, 도심은 선천적 본성에서 우러나옵니다. 도심은 마음에서 순수하게 도덕적인 것이고, 인심 그 자체는 부도덕하지는 않지만 신체의 기운과 욕구에 따라서 부도덕해질 위험이 높습니다. 사람의 마음이 작용할 때 의리를 따라서 나타나면 도심이고, 신체상의 어떤 욕구를 따라서 나타나면 인심입니다. 그러므로 도심은 선하고, 인심은 선하기도 하며 악하기도 합니다.

인심과 악은 도심과 선에 지나치거나 모자람이 있는 상태이고, 도심과 선은 인심과 악에 지나치거나 모자람이 없는 상태를 뜻합니다. 이와 같이 상대적인 선악이 없다는 의미에서 본체는 '무선무악'하고 '지선'합니다. 그렇다면 본체에 없던 악이 어떻게 생겨나는 걸까요? 양명은 마음에 인위적인 것이 섞여 마땅함을 지나치게 되면 악이 생긴다고 말합니다.

어떤 사람이 물었다. "사람들은 모두 이 마음을 가지고 있습니다. 마음이 곧 이치인데, 어째서 선을 행하는 사람도 있고, 불선을 행하는 사람도 있습니까?" 선생께서 대답하셨다. "악한 사람의 마음은 그 본체를 잃어버린 것이다." –34조목

천하의 사물 가운데 근본이 두 가지로 나뉘는 것은 없습니다. 천하에는 악한 사람이 없으며 선만 있을 뿐이요, 천하에는 악한 일이 없으며 선만 있을 뿐입니다. 선이 지나치거나 부족하면 악이 됩니다. 악은 선의 평형 상실이고 본래 가치 있던 어떤 것이 왜곡된 형태입니다. 이런 어긋남이 바로 지나침과 부족함입니다. 식食과 색色은 사람이 나고 자라는 힘을 줍니다. 만약 이것이 부족하면 나고 자랄 수 없으며, 지나치면 나고 자라는 것을 해치게 됩니다.

나고 자랄 수 없는 것과 나고 자람을 해치는 것은 근본적으로 모두 부족하거나 지나친 데서 비롯됩니다. 마치 한 컵의 정수가 우리 몸에 영양을 공급하지만 정수에 독약을 집어넣으면 사람을 죽일 수 있는 것과 같습니다. 그러나 독성이 물의 본성이 아니듯 악 또한 사람의 본성이 아닙니다. 독이나 악은 모두 후천적으로 첨가된 성분에 불과합니다. 후천적으로 첨가될 수 있다면 또한 제거할 수도 있습니다. 증발 작용을 통해 독극물이 다시 정수로 변하듯, 사람은 탐욕을 제거하는 과정을 통해 양지를 재현할 수 있습니다.

양 지 의   실 현   혹 은   회 복

제
7
장

致
良
知

양지는 일상생활에서 벗어나 있지 않다

양지는 견문에서 말미암지 않지만, 견문은 양지의 작용이 아닌 것이 없습니다. 그러나 양지가 견문과 분리되어 있는 것 또한 아니죠. 양지가 없다면 감각 기관의 지각작용이 일어날 수 없습니다.

> 생각건대 일상생활에서 보고 듣고 응수하는 것이 비록 수천수만 가지 실마리라고 하더라도, 양지가 작용해 유행하는 것이 아님이 없다. 보고 듣고 응수하는 것을 제외한다면 또한 실현할 수 있는 양지가 없다. ―168조목

양명이 말하는 양지는 추상적인 관념일 뿐 아니라 지금 여기에 있는 현실 존재입니다. 현실 존재로서의 양지는 우리의 일상생활에서 끊임없이 유행합니다. 사람들의 일거수일투족과 먹고 마시

고 입는 등의 모든 행위가 양지의 존재가 아님이 없습니다. 양지는 시시각각 일상생활에 존재를 드러내면서 우리의 행위와 의식을 주도하고 우리가 바른길로 걸어갈 수 있도록 인도합니다.

이런 까닭에 양지를 다만 형이상의 추상적인 존재로만 보아서는 안 됩니다. 양지는 우리가 일상생활을 통해 보고 듣고 응수하는 것과 무관하지 않으며, 또한 우리의 모든 언행이 완전히 양지의 감시 감독에서 벗어나 있는 게 아니기 때문입니다. 즉 양지는 형이상학적이면서 동시에 형이하학적입니다.

이처럼 양지가 일상생활에서 벗어나 있지 않은 까닭에 치양지 공부 또한 일상생활 속에서만 실행할 수 있습니다. 이것이 양명 양지설의 중요한 특징 가운데 하나입니다.

마음의 밝음을 되찾다

마음의 본체는 본래 밝은 상태지만 마음의 본래 상태를 유지하기란 결코 쉽지 않습니다. 마음은 종종 기질에 구애되기도 하고 물욕에 가려 어두워지기 때문이죠. 양지를 가리고 있는 물욕을 제거해야 마음의 본체가 본래의 밝음을 회복할 수 있습니다. 하지만 그렇다고 그 방법을 밖에서 구하고자 하는 것은 마치 눈이 침침한 사람이 약을 먹고 눈을 치료하는 데 힘쓰지 않고, 한갓 사방을 더듬거리며 밖에서 눈이 밝아지기를 구하는 것과 같습니다. 밝음을 어찌 밖에서 얻을 수 있을까요?

사람의 마음 본체는 본래 밝지 않음이 없으나, 기질에 구애되고
물욕에 가려서 어둡지 않은 경우가 거의 없다. …… 이제 기필
코 천하의 이치를 궁구한다고 주장하고 마음에 돌이켜 구할 줄
모르는데, 그렇다면 이른바 선악의 기미와 진위의 분별을 마음
의 양지를 버리고 또 어디서 체험하고 성찰하겠는가? –136조목

양명 후학인 이지李贄는 이런 양명의 양지를 '동심童心'으로 표현
합니다. 이지가 보기에 양지를 가리고 있는 물욕을 제거해 본심
이 본래의 밝음을 회복하는 것은 바로 동심으로 되돌아감을 의미
합니다. 동심으로 되돌아간다는 것은 어린아이의 마음으로 되돌
아가는 것, 즉 영혼이 순수한 아이의 상태를 회복하는 것을 말합
니다. 동심은 마음의 근본이고, 어린아이는 인생의 시작입니다.
마음의 근본으로서의 동심은 다름 아닌 진실한 마음입니다. 그러
므로 어린아이의 마음을 잃는다면 진실한 마음을 잃는 셈이고,
진실한 마음을 잃는 것은 진실한 자기 자신을 잃는 셈이죠. 사람
이 일단 진실하지 않으면 온전한 인격을 갖출 수 없고, 마음이 지
닌 역량 또한 제대로 발현하기 어려워집니다. 마음의 근본은 절
대 잃어버려서도 안 되고, 또 잃어버릴 수도 없는 것입니다.
   갓 태어난 어린아이의 머릿속은 텅 비어 있는 완전한 무지의
상태입니다. 세상 사람들의 감정을 느낄 수도 없고, 얽히고설킨

세상사도 알지 못합니다. 물욕에 빠져 허우적대지도 않고, 명예와 이익을 추구할 줄도 모릅니다. 어린아이는 단순해서 조금의 잡념도 없고 더할 나위 없이 즐거워할 뿐입니다.

그러나 안타깝게도 아이들이 자라날수록 그들의 마음은 본래 상태를 유지하기 어려워집니다. 알게 모르게 혼탁한 세상사에 영향을 받고, 천진난만한 마음은 사라지죠. 더 이상 자신의 관점에서 판단하거나 실천하지 못하고, 세상 사람들이 좋아하는 것을 좋아하고 세상 사람들이 나쁘다고 판단하는 것을 버리게 됩니다. 이런 상태가 지속되면 결국에는 진실한 마음이 더 이상 남아 있지 않게 됩니다. 어린아이의 마음을 잃은 사람은 사람을 대할 때 진정성을 보이기보다 남의 비위를 맞추어 거짓말을 하는 경향이 있습니다. 또한 세상의 칭찬을 갈구하며 겉과 속이 다른 문장을 짓기도 합니다. 사람들이 어린아이의 마음을 잃으면 잃을수록 이 세상은 더욱 거짓으로 가득 차고, 모두가 온갖 거짓이 난무하는 세상에서 고통스러운 일생을 보낼 테죠. 이런 고통에서 벗어날 수 있는 방법은 오직 하나, 바로 동심으로 되돌아가는 것뿐입니다.

체득해 확충하는 공부

어느 날 아버지와 아들 사이에 논쟁이 벌어졌습니다. 두 사람은 서로를 성토한 끝에 양명에게 시비를 가려달라고 청했습니다. 양명은 아버지와 아들의 이야기를 다 듣고 나서 그들에게 무언가를 일러주었습니다. 그 말이 채 끝나기도 전에 아버지와 아들은 서로 머리를 감싸 쥐고 통곡하며 떠나갔습니다. 이 광경을 본 제자들이 기이하게 여겨 물었습니다. "선생님께서 뭐라고 하셨기에 저들이 저리 빨리 깨달을 수 있었는지요?" 양명이 말했습니다. "저들에게 세상에서 가장 불효한 자는 순임금이고, 세상에서 가장 자애한 아버지는 순임금의 아버지인 고수라고 했다." 순임금은 중국 고대의 유명한 효자입니다. 그런데 양명이 '순임금은 세상에서 가장 불효한 자'라고 말한 이유는 뭘까요. 제자들은 깜짝 놀라며 계속 가르침을 청했습니다. 양명은 다음과 같이 설명했습니다.

"순임금은 항상 자기 자신이 불효자라고 생각했기 때문에 지극히 효도할 수 있었으며, 그의 아버지 고수는 자신이 항상 인자하다고 생각했기 때문에 진정으로 인자할 수 없었다. 고수는 어려서부터 순을 길렀는데 나중에는 아들이 자기를 기쁘게 하지 않는다고만 생각했다. 이는 자신의 마음이 후처의 영향을 받아 변했음을 알지 못했기 때문이다. 고수는 스스로 순에게 인자하다고 생각했기 때문에 점점 더 인자하지 않게 된 것이다. 순은 어려서부터 아버지가 자신을 무척 사랑한 사실만 생각했다. 이제 아버지가 자신을 사랑하지 않는 것은 오직 자기가 효도를 다하지 않기 때문이라고 여겼다. 그러므로 순은 매일 자신의 효도가 부족한 부분을 반성하며 더욱더 효도할 수 있게 된 것이다."

즉 양명은 두 부자에게 순임금의 이야기를 들려주며 자기 자신에게서 다툼의 원인을 찾아야지 무작정 남을 책망해서는 안 된다는 점을 깨닫게 한 것입니다. 자신을 분명히 파악하기 위해서는 스스로를 아는 밝음이 있어야 합니다. 자신을 파악하고 나서야 자기 능력으로 해낼 수 있는 일과 해낼 수 없는 일을 구분하고 능력에 맞는 일을 추진할 수 있습니다. 스스로를 아는 밝음이 없다면 자기 내심의 양지와 양능을 체득해 확충할 줄 모르고, 도리어 자기가 알지 못하는 것을 알고 자기가 할 수 없는 것을 하려고 추구합니다. 무턱대고 높고 큰 것만 바라는 것이죠.

후세의 유자들은 성학을 분명히 알지 못해 자기 마음자리의 양지, 양능에서 체득해 확충할 줄 모르고, 오히려 자기가 알지 못하는 것을 알고 자기가 행할 수 없는 것을 하려고 추구한다. 오로지 높은 것을 바라고 큰 것을 사모해 자기가 걸주桀紂와 같은 마음자리에 있음을 알지 못한 채 걸핏하면 곧 요순堯舜의 사업을 하려 하니, 어떻게 그것을 행할 수 있겠는가? —107조목

스스로 자부심을 느끼며 원대한 목표를 품는 자세는 물론 필요하지만, 비현실적으로 이상만 높이 설정하고 자신을 과대평가하는 것은 잘못입니다. 적지 않은 사람들이 비현실적인 이상을 추구하며 자기 스스로 큰 뜻을 품었다고 여기고, 설령 성공하지 못했다 하더라도 아직 기회가 오지 않았을 뿐이라고 위로하곤 합니다. 이런 사람에게는 오직 실패만이 뒤따를 뿐입니다. 사람이 귀한 것

은 스스로 아는 밝음이 있기 때문입니다. 진정으로 자기 자신을 아는 것은 말처럼 쉽지 않습니다. 또한 자신이 스스로 안다고 생각하는 것과 진정으로 아는 것은 다르죠. 대부분의 사람들이 스스로 자기 자신을 이해한다고 생각하지만, 진정으로 자기 자신을 이해하는 사람은 그리 많지 않습니다.

인생은 저울과 같아 자신에 대한 평가가 낮으면 열등감을 가지기 쉽고, 자신에 대한 평가가 높으면 우쭐대기 쉽습니다. 그러므로 자신의 능력을 명확하게 인식하고 자신에 대한 상대방의 평가를 객관적으로 받아들일 필요가 있습니다. 사람은 스스로 자신이 모른다는 사실을 알 때 알기를 구하고, 스스로 두려워함이 없음을 알아야 필사적으로 맞붙어 싸울 수 있습니다. 자신의 장점이 무엇이고 단점이 무엇인지 모른다면 어떻게 필사적으로 싸워나갈 수 있을까요? 그러므로 스스로를 아는 밝음이야말로 어떤 재능보다도 소중하고 아름다운 것입니다. 칠흑같은 어둠 속에서도 인생을 정확한 방향으로 인도하는 빛과 같죠.

인생 여정에는 여러 가지 길이 있습니다. 멀고 험난한 길이 있는가 하면, 가깝고 쉬운 길이 있습니다. 또 멀지만 쉬운 길이 있는가 하면, 가깝지만 어려운 길도 있습니다. 이런 다양한 길 중 어떤 것을 선택하느냐는 온전히 자신에게 달려 있습니다. 스스로 아는 밝음이 있어야 자신에게 적합한 인생길을 선택할 수 있습니다.

스스로 체득하라

치양지설은 양명 자신이 스스로의 체득을 통해 얻은 체험적 진리입니다. 양명은 삶의 모진 경험을 통해서 치양지설을 발견했습니다. 단순히 한두 번의 강의를 통해 치양지설을 배운 것이 아니라 전 생애에 거친 실질적 경험을 통해 마침내 치양지설을 제시하게 된 것이죠. 따라서 그의 이론도 어떤 논리적 설명이 아니라 직접적인 체험을 통해 참된 의미를 얻을 수 있습니다. 체험이 깊을수록 '치지'에 대한 이해도 더욱 깊어집니다.

체득하는 것과 강의를 듣는 것이 다름을 알 수 있다. 나는 처음 치지에 대해 설명했을 때 그대가 쉽게만 여기고 맛을 느끼지 못한다는 것을 알았다. 다만 이 하나의 중요하고 오묘한 것을 더욱 깊은 곳까지 체득하게 되면 날마다 달라지는 걸 느낄 것이니, 이것은 무궁무진하다. ─211조목

스스로 체득하는 것은 단순히 강의를 듣는 것과는 확실히 다릅니다. 양명은 강의를 통해 학생들에게 치양지설에 대해 설명할 때 그들이 별다른 흥미를 느끼지 못한다는 사실을 발견했습니다. 배움의 과정에서 중요한 것은 들은 내용을 이해하고 이를 바탕으로 자신이 직접 체득해나가는 것입니다. 배움이란 수박 겉핥기식으로 조금 해보고 그만둘 수 있는 게 아닙니다. 또한 하루아침에 완

성되는 게 아니라 끊임없이 지속되어야 하는 과정입니다.

지식이란 따로 분리되어 있는 것이 아니라 마치 촘촘하게 엮인 그물망처럼 서로 연관되어 있습니다. 이해가 부족해 의문이 드는 부분이 있다면 다시 질문해 스스로 깊이 있게 깨우쳐야 합니다. 우리를 둘러싼 우주는 한없이 넓고 아득합니다. 대자연의 세계는 풍부하고 다채롭고, 지식은 무궁무진하며, 사회는 발전을 거듭합니다. 이와 달리 사람의 능력에는 한계가 있고, 우리가 알고 있는 지식은 극히 일부분에 한정되어 있을 뿐입니다. 이런 상태에서 어찌 배움을 멈출 수 있을까요. 끊임없이 배우고 발견하며 탐색해나가는 과정만이 있을 뿐입니다. 매일매일 새로운 것을 접촉하고, 또 이런 과정을 통해 우리의 시야를 조금씩 넓혀나가야 합니다. 배움에는 만족이 있을 수 없습니다. 부단히 배워가는 과정을 통해서만 끊임없이 진보할 수 있죠.

"독만권서讀萬卷書, 행만리로行萬里路"라는 말이 있습니다. '만 권의 책을 읽고 만 리를 여행한다'는 의미입니다. 책에 있는 지식을 전면적으로 흡수하고, 단순히 책 속에 매몰되는 대신 자기가 배운 것을 생활 속에서 체현하며 견문을 넓혀야 합니다. 책을 읽는 데 그쳐서는 안 되고, 반드시 실천이 따라야 합니다. 책 속에 담긴 지식이 중요할 뿐 아니라 사회적인 실천 또한 중요하다는 의미입니다. 배움에는 고정된 방법이 있는 것이 아닙니다. 시간과 장소에 관계없이 어느 때나 어느 곳에서나 배우려는 자세가 필요합니다. 현명한 사람을 보면 그와 같이 되기를 생각하고, 현명하지 못한 사람을 보면 안으로 굽어살펴 스스로를 반성해야 합니다.

선천적인 자질보다 후천적인 노력이 중요하다

공자께서 말씀하셨습니다. "나면서부터 아는 사람이 상급이고, 배워서 아는 사람이 그다음이며, 곤경에 처해서 배우는 사람은 또그다음이고, 곤경에 처해도 배우지 않으면 사람이 하급이다." 공자는 사람의 부류를 설명하면서 나면서부터 진리를 아는 사람, 공부해서 진리를 아는 사람, 힘들게 노력해서 진리를 아는 사람으로 구분합니다. 비록 선천적으로 타고난 재질이 다르지만 모두 진리를 안다는 점에서는 동일합니다. 하지만 진리에 대해 느끼는 감동의 차이를 말한다면 후천적인 노력을 통해 진리에 도달한 사람의 감동이 나면서부터 진리를 아는 사람보다 훨씬 더할 테죠.

현실에서 타고난 자질이 뛰어난 사람이 있는 반면 그렇지 않은 사람도 적지 않습니다. 하지만 비록 자질이 뛰어나지 못해도 끊임없는 노력을 통해 소질을 높이면 마침내 자신의 영역에서 성공할 수 있습니다. 다른 사람이 한 번 시도해서 잘하면 자신은 백 번 시도해서 잘하면 되고, 다른 사람이 열 번 시도해서 잘하면 자신은 천 번 시도해서 잘하면 됩니다.

무릇 배우고 묻고 사색하고 변별하고 돈독히 행하는 공부는 비록 애써서 알고 힘써서 행하는 사람의 경우에 다른 사람보다 백 배의 노력을 더해야 확충이 지극해져서 본성을 완전히 실현하 고 하늘을 아는 데 도달할지라도, 역시 내 마음의 양지를 지극한 데까지 확충하는 것에 불과할 따름이다. −136조목

물론 천부적인 자질이 있다면 적은 노력으로도 많은 성과를 올릴 수 있을 겁니다. 그러니 타고난 재질이 남보다 못한 사람은 천성적으로 뛰어난 사람보다 더 많은 노력을 기울여야 하겠죠. 하지만 선천적으로 타고난 재질이 어떠하든 다만 자신이 원하기만 한다면 치양지 공부를 통해 자기 자신을 완벽하게 실현할 수 있습니다. 비단 학문뿐만 아니라 다른 분야도 마찬가지입니다.

하늘은 누구에게나 공평합니다. 자질이 평범하다고 해서 지나치게 낙심할 필요도 없습니다. 또 이런 이유로 자신이 남보다 못하다고 비관적으로 생각해서도 안 됩니다. 다만 자신에 대해 확실히 알고 자신의 현재 모습을 개선하려는 노력이 뒤따르면 됩니다. 다른 사람이 단 한 번에 본성을 실현하고 하늘을 아는 데 도달한다 하더라도 이를 부러워할 것이 아니라 자신은 열 배 내지 백 배의 노력을 더해 본성을 실현하고 하늘을 알면 되는 것입니다.

조선시대 김득신은 시인이자 최고의 독서광으로 유명합니다. 그는 명문 사대부의 자손으로 태어났지만 어릴 적부터 학습능력이 떨어져 열 살이 되어서야 겨우 글을 배우기 시작했고, 스무 살에 비로소 글을 지었습니다. 아무리 열심히 글공부를 해도 돌아서

면 잊어버렸지만 그는 포기하지 않고 같은 책을 1만 번 이상 읽으며 성실하고 부지런히 공부했습니다. 김득신이 평생 읽은 책을 기록한 〈독수기讀數記〉에 실린 것 중 1만 번 이상 읽은 책은 모두 36편에 달합니다. 김득신은 스스로 지은 묘비명에서 다음과 같이 언급합니다. "재주가 남만 못하다고 스스로 한계를 짓지 말라. 나보다 어리석고 둔한 사람도 없겠지만 결국에는 이룸이 있었다. 모든 것은 힘쓰는 데 달렸을 따름이다."

각자의 능력과 처지에 따라

마음, 즉 양지는 양명의 사상에서 가장 중요한 개념입니다. 그러므로 양명은 《전습록》 곳곳에서 거울, 태양, 순금 등 적지 않은 비유를 사용해 양지 본래의 순수하고 밝고 맑음을 묘사합니다. 양명은 또한 마음을 하늘과 연못에 비유해 설명하고 있습니다.

사람의 마음은 하늘이며 연못이다. 마음의 본체는 포용하지 않는 것이 없으니, 원래 하나의 하늘이다. 다만 사욕에 가려져서 하늘의 본체를 잃어버렸을 뿐이다. 마음의 이치는 무궁무진하니, 원래 하나의 연못이다. 다만 사욕에 막혀서 연못의 본체를 잃어버렸을 뿐이다. 이제 생각마다 양지를 실현해 이 가려지고 막힌 것을 전부 제거한다면 본체가 이미 회복된 것이니, 그것이

바로 하늘과 연못이다. ―222조목

　마음은 하늘과 같이 넓고 연못과 같이 깊어서 포용하지 않는 것이 없습니다. 태양처럼 사물을 환히 비추는 존재인 양지는 모두의 마음에 있는 도道이자 하늘로서, 시공의 제한이 없습니다. 또 거울과 마찬가지로 본모습은 텅 빈 상태를 유지합니다. 형체가 다가오면 그 모습을 그대로 드러내주고 형체가 물러나면 다시 본래의 텅 빈 상태를 유지해 어느 것 하나에 집착함이 없습니다. 하지만 하늘과 거울은 보는 사람의 관점에 따라 각기 다른 형상을 비춥니다. 눈앞에 보이는 하늘도 밝고 밝은 하늘이며 사방 밖에 보이는 하늘도 밝고 밝은 하늘입니다. 우리는 단지 수많은 집의 담벼락에 막혀서 하늘의 전체를 보지 못할 뿐입니다. 그저 한 모퉁이만 보고서 그것이 하늘의 본모습이라고 단정하기 때문에 하늘에 대한 정의가 서로 같지 않은 것입니다. 이는 각자의 수양 정도와 재질에 따라 양지가 각기 다르게 나타남을 의미합니다.

　하늘의 전체 모습을 볼 수 없게 막고 있는 담벼락을 저마다 헐어버린다면 결국 하나의 하늘이 드러납니다. 우리 눈앞에 비친 밝게 빛나는 하늘은 결코 우리의 눈앞에 국한된 것이 아니고 시간적으로나 공간적으로 언제 어디서나 항상 밝게 빛나는 하늘입니다. 어느 때 어느 장소에서 바라보는 하늘은 전체의 하늘이고, 하늘의 전체는 또한 어느 때 어느 장소에서 바라보는 하늘입니다. 여기서 곧 부분의 앎이 바로 전체의 앎이며, 전체의 앎이 부분의 앎으로서, 결국은 하나의 본체임을 알 수 있습니다.

하늘의 본체는 결코 사라지지 않으며, 마음의 본체 역시 이와 마찬가지입니다. 마음도 물론 사욕에 가려지고 막힐 수 있지만 마음 본체로서의 양지는 잠시라도 사라진 적이 없습니다. 이는 양지가 끊임없는 자기 각성을 통해 무엇이 선하고 무엇이 악한지 판단해 사욕을 제거하고 천리를 회복할 수 있음을 의미합니다. 마음의 사욕이 제거되면 밝게 빛나는 하늘의 태양을 막고 있던 집의 담벼락이 허물어지는 것과 같아서 하늘 본래의 밝음을 회복할 수 있는 것입니다.

자신의 양지를 실현할 때는 모두 각자의 능력이 미치는 정도에 따라야 합니다. 그래서 개인에 따라 빠르고 더디며, 쉽고 어려운 차이가 있습니다. 나무에 물을 줄 때 생장 속도에 따라 물의 양을 조절하듯, 자신의 처지에 따라 치양지 공부를 실행하면 됩니다. 자신의 능력이나 현실을 무시하고 남이 양지를 실현하는 방식만 따른다면, 양지를 실현하기는커녕 오히려 양지 자체를 영원히 잃어버리는 결과를 초래하고 맙니다. 어린 나무에 물을 많이 부어 뿌리가 썩는 것과 마찬가지죠.

나를 이기는 공부

극기 공부란 '진실하고 절실하게 끊임없이 자기를 이기는' 공부이자 천리를 보존하고 인욕을 제거하는 공부입니다. 양명이 극기 공부를 통해 표현하고자 하는 것은, 바로 현재 자신이 처한 상황에서 어떻게 양지를 실현하느냐 하는 치양지에 불과합니다.

> 사람이 만약 진실하고 절실하게 멈추지 않고 공부한다면 이 마음에 담긴 천리의 정미함을 나날이 보게 되고, 사욕의 정미함도 나날이 보게 된다. 만약 자기를 이기는 공부를 하지 않는다면 하루 종일 말로만 떠들 뿐이니, 천리도 끝내 스스로 드러나지 않고 사욕도 끝내 스스로 드러나지 않는다. ―65조목

육징이 "천리와 인욕을 아직 완전히 알지 못한 상태에서 어떻게 자기를 이기는 극기 공부가 가능한가요" 하고 물었습니다. 그러자 양명은 천리와 인욕의 구분을 알고 나서야 극기 공부가 가능하다고 보는 육징의 견해는 주자의 선지후행과 같은 관점이라고 지적합니다. 양명이 보기에 이런 관점은 자칫하면 지적 탐구에만 매몰되어 실천을 경시하는 폐단을 초래하기 쉬웠습니다.

성인만이 천리와 사욕을 완전하게 구분할 것입니다. 물론 심학을 비롯한 유가의 최종 목적이 보통 사람을 성인으로 변화시키는 데 있지만, 이는 하루아침에 갑자기 도달할 수 있는 경지가 아닙니다. 어떤 사람이 우리에게 오늘부터 죽는 그날까지 성인의 행위를 규범으로 삼아 살아가라고 요구한다면 어떨까요. 혹은 1년만이라도 성인처럼 살아보는 것은 가능할까요. 이것 또한 결코 쉽

지 않을 테죠. 그렇다면 한 달 또는 일주일은 어떨까요. 역시 자신이 없을 수밖에 없습니다. 그렇다면 하루라도 성인과 같은 삶을 살아가는 것은 가능할까요.

일생 동안 성인과 같은 삶을 살지 못하면 어떡하지 하고 걱정할 필요는 없습니다. 마찬가지로 1년, 한 달, 심지어는 하루라도 성인과 같은 삶을 살지 못할까 봐 걱정할 필요가 없습니다. 천 리 길도 한 걸음부터입니다. 다만 몇 분 몇 초 만이라도 성인과 같은 인격자가 되기 위해 끊임없이 노력하는 자세면 충분합니다. 다시 말해 지금 당장 성인이 되고자 하는 마음을 실행에 옮기는 게 무엇보다 중요합니다. 처음부터 자기 자신에게 너무 큰 부담을 주어서는 안 됩니다. 다만 지금 여기에 있는 우리 마음을 순간순간 잘 다스리기만 하면 됩니다. 첫술에 배부를 수는 없습니다. 1분 1초라도 성인과 같이 행동하고자 하는 데서 모든 가능성이 시작되는 것입니다.

천리와 인욕을 완벽하게 이해하고 나서 이를 행동에 옮기는 대신, 다만 현재 자신이 할 수 있는 최선을 다하면 됩니다. 만약 오늘 천리와 인욕에 대해 A만큼 알았다면 A만큼 실행에 옮겨 천리를 보존하고 인욕을 제거하면 되고, 내일 천리와 인욕에 대해 B만큼 안다면 또한 B만큼 다시 천리를 보존하고 인욕을 제거하는 삶을 살면 됩니다. 이것이야말로 가장 쉽고 빠르게 치양지에 이르는 진성한 길입니다.

엽등 없이 지속적이고 점진적으로

처음 공부에 착수하면서 어떻게 곧바로 마음속이 밝고 환해지기를 기대할 수 있을까요? 처음 공부에 착수하는 것은, 비유하자면 세차게 흐르는 혼탁한 물을 겨우 항아리 속에 담아두는 것과 같습니다. 비록 잔잔해 보일지라도 내용물은 여전히 혼탁합니다. 반드시 오랫동안 맑고 잔잔해지기를 기다려야 찌꺼기가 가라앉고 다시 맑아질 수 있습니다.

우리의 인생은 마치 오랜 기간 탁자 위에 놓여 있는 물병과도 같습니다. 탁자 위의 물병에는 거의 매일 먼지가 내려앉지만 물병 안은 여전히 맑고 투명합니다. 물병 안의 먼지가 모두 물병 바닥으로 가라앉기 때문이죠. 인생을 살다 보면 자기 생각대로 되는 일이 그리 많지 않음을 알 수 있습니다. 그럴 때마다 마음에 동요를 일으킨다면 마치 병을 흔들고 병 바닥에 깔려 있는 먼지를 움직여 물을 일부러 혼탁하게 만드는 꼴과 마찬가지입니다.

그대는 단지 양지의 바탕 위에서 공부해야 한다. ―238조목

양명은 병 안에 든 물이 오랜 시간이 흘러야 비로소 맑아지는 상황을 비유로 들어 치양지 공부를 설명합니다. 마음의 본래 상태는 단계를 훌쩍 건너뛰는 엽등躐等이 아니라 오랫동안 양지를 실현하는 공부를 거쳐야 회복할 수 있습니다. 흐르는 물은 웅덩이를

만나면 웅덩이를 건너뛰고 흐르는 게 아니라, 웅덩이를 채우고 나서야 지속적으로 아래로 흐릅니다. 그 과정을 통해 바닷물이 만들어지죠.

양명은 임종을 앞두고 "남기실 말이 없습니까"라는 제자의 물음에 "나의 마음이 이렇게 훤히 밝아서 다 드러났는데 달리 더 무슨 말을 남기겠는가"라고 했습니다. 양명은 평생의 공부를 통해서야 비로소 마음이 밝은 경지에 도달한 것입니다. 그런데 이제 막 공부를 시작한 초학자가 지금 당장 마음이 밝은 경지에 도달할 수 있을까요. 그건 사기에 가깝습니다. 장시간에 걸친 존양存養 공부, 즉 지속적인 치양지 공부를 해야 비로소 마음을 가리고 있는 어두움이 사라지고 저절로 밝고 환한 마음 본래의 모습을 회복할 수 있습니다. 양명은 또한 '정좌사려靜坐思慮'를 통해 사욕과 잡념을 점진적으로 극복해 마음의 본래 모습, 즉 물과 거울과 같이 맑고 밝은 모습을 회복해야 한다고 주장했습니다. 혼탁한 물이 맑은 물로 바뀌듯 점진적인 과정이 필요함을 강조한 것입니다.

오늘날 우리의 상태를 물에 비유하면 어떨까요? 양명의 가르침과는 반대로 일부러 맑은 물을 혼탁하게 만드는 것과 같지 않을까요? 우리를 둘러싼 각종 스트레스, 예를 들어 진학 스트레스, 취업 스트레스, 진급 스트레스는 우리를 우울증으로 내몰고, 어떤 경우에는 극단적인 선택을 강요합니다. 삶이 고통스러운 것은 어쩌면 원하는 바가 너무 많기 때문일지 모릅니다. 무작정 앞만 보고 달리는 것은 결코 이런 상황에 대한 해결책이 될 수 없습니다.

틀에 박힌 일상에서 잠시 벗어나 자기 자신을 뒤돌아보고 조급해 하는 마음을 차분하게 가라앉힐 필요가 있습니다. 쉼 없이 앞으로 나아가는 길에서 자기 자신을 위해 잠시 멈추는 것도 나쁘지 않습니다. 가던 발걸음을 멈추고 조용히 길가의 풍경을 감상해보십시오. 그 순간 자신의 감정에 충실하면 마음을 가리고 있는 사욕이나 잡념, 걱정거리가 먼지와 같이 시나브로 가라앉을지도 모르니까요.

날마다 새롭게

성공하려면 인내하며 기다릴 줄 알아야 합니다. 무슨 일이든 첫술에 배부를 수 없습니다. 오랫동안 지속적으로 준비하는 과정을 통해 비로소 한 단계 도약할 새로운 기회를 맞이할 수 있습니다. "낙숫물이 바위를 뚫는다"라는 말이 있듯, 아무리 작은 일이라도 인내를 가지고 정성을 다하는 자세가 중요합니다.

기회는 준비된 자에게만 오며, 중요한 것은 작은 것에서 비롯됩니다. 작은 일에 최선을 다하면 언젠가 기회가 찾아오고, 그 기회를 놓치지 않아야 뜻을 이룰 수 있습니다. 아무리 좋은 기회가 와도 준비되어 있지 않으면 소용이 없습니다. 그래서 평범한 사람이든 특별한 사람이든 평상시에 작고 소중한 일에 최선을 다하는 태도가 중요합니다.

노자는 말합니다. "아름드리나무도 털끝처럼 작은 것에서 생기며, 구층이나 되는 누대도 한 삼태기 흙에서 쌓아진 것이며, 천리 길도 한 걸음부터 시작된다." 작은 싹이 나중에는 큰 나무로 자라듯이 모든 일에는 시작이 있습니다. 1초라는 시간은 너무 짧고 하찮아서 언급할 가치가 없다고 말할 수도 있겠지만, 우리의 인생이란 사실 이런 수천수만의 1초가 모여 이루어진 것에 불과합니다. 이른바 크고 대단한 일은 비현실적으로 이상만 높다고 이루어지지 않으며, 자기 주변의 작은 일부터 하나하나 착실하게 수행해나가는 과정을 통해 완성되는 것입니다. 다시 말해, 크고 위대한 일은 처음부터 저절로 이루어지는 것이 아니라 매우 작고 쉬운 일을 하나하나 성실하게 해나갈 때 마침내 완성됩니다. 진정으로 어떤 일을 이루고 싶다면, 반드시 작은 일에서부터 한 걸음 한 걸음 최선을 다해 나아가야 합니다.

우리가 양지를 실현하는 것은 다만 각자의 능력이 미치는 정도에 따를 뿐이다. 오늘 양지가 이만큼 나타나 있으면 다만 오늘 아는 것에 따라서 끝까지 확충하며, 내일 또 양지가 깨달은 것이 있으면 내일 아는 것을 좇아서 끝까지 확충한다. -225조목

일신우일신日新又日新은 날로 새로워진다는 의미입니다. 은나라를 세운 탕왕은 세숫대야에 '구일신일일신우일신苟日新日日新又日新' 아홉 글자를 새겨 세수할 때마다 보고 또 보며 스스로를 반성하고

날로 새로워진다.

일깨웠습니다. 오늘날은 그 어느 때보다 변화와 발전의 속도가 빠릅니다. 하루하루가 새롭고 날마다 새로워집니다. 현실에 뒤처지지 않고 적응해나가기 위해서는 끊임없이 일신하고 또 일신해야합니다. 어제와 오늘과 내일로 이어지는 삶은 늘 새로운 의미를지닙니다. 만약 오늘이 어제 같고, 내일이 오늘 같다면 삶에서 무슨 의미를 찾을 수 있을까요. 우리는 어제와는 다른 오늘, 오늘과는 다른 내일, 나날이 새로워지는 삶을 지향해야 합니다.

지금 여기에 충실하라

태어나면서부터 선천적으로 양지를 내재하고 있다는 측면에서, 성인이나 우리 같은 보통 사람이나 다를 바가 없습니다. 하지만 사람들은 각자가 지닌 기질이나 능력의 차이에 따라 실현할 수 있는 정도가 다를 수밖에 없죠. 성인의 양지를 순금 열 돈이라 하고, 우리의 양지를 순금 다섯 돈이라 한다면, 양지를 실현하기 위해서 우리가 할 수 있는 일은 무엇일까요? 다섯 돈의 순금에 온갖 불순물을 첨가해 열 돈으로 채워야 할까요. 아니면 자신에게 주어진 다섯 돈의 순금을 잘 보존하고 확충해야 할까요.

사람마다 자기에게 주어진 양지를 실현하고 싶다면, 반드시 현재 능력에 근거해야 합니다. 오늘 이만큼의 능력을 갖추었다면 그 능력에 맞추어 끝까지 실행해나가면 되고, 내일 또한 마찬가지입니다.

현재 주어진 상황에서 최선을 다한다는 것은 무엇을 의미할까요? 말 그대로 현재라는 시간 속에서 '지금, 여기서' 하고 있는 일에 집중함을 뜻합니다. 밥 먹는 일이나 잠자는 일, 공부하는 일 할 것 없이 자신에게 주어진 상황에 집중하며 잡생각을 하지 않는 것입니다. 가령 밥 먹는 시간에 일 생각만 해 즐거운 식사시간을 망친다거나, 공부할 때 놀 생각에 사로잡혀 배움의 기회를 놓친다거나, 과거의 일에 연연해하고 다가올 미래의 일만 걱정한다면 '주어진 상황에서 최선을 다하는' 자세가 아닙니다.

양명은 매번 '현재當下' 주어진 상황에서 최선을 다하라고 강조합니다. 그 일이 크건 작건 상관없이 오늘 해야 할 일을 내일로 미루지 말고 지금 당장 처리하는 게 바로 입신해 성공할 수 있는 길입니다. '당하'라는 단어는 '어떤 일을 만난 그때 그 자리' '바로 그때' '즉각' '바로' '곧' 등의 의미를 내포합니다.

> 그대에게 사사로운 뜻이 싹틀 때 그것을 아는 것이 바로 그대의 생명의 뿌리이다. 그리고 곧바로 제거해 없애버리는 것이 바로 천명을 세우는 공부이다. ─333조목

다음과 같은 세 부류를 가정해봅시다. 첫 번째 부류는 과거에 사로잡혀 전혀 앞으로 나아가지 못하는 유형으로, 지난날을 추억하며 즐거워하기도 하고 고통스러워하기도 합니다. 두 번째 부류

는 미래에 대한 공상에 빠져 현실을 등한시하는 유형으로, 지금은 그렇지 않더라도 이후에는 지금보다 나아질 것이라는 기대와 동경을 품고 현실적인 행동을 취하지 않는 공상파입니다. 나머지 한 부류는 앞서 언급한 두 부류와는 뚜렷한 차이를 보입니다. '현재에 사는', 즉 현재 주어진 상황에서 최선을 다하는 부류입니다. 현재를 중시하고 착실하게 처신해 지금 당장 해야 할 일에 집중하는 사람입니다.

주어진 현재를 착실하게 살아간다면 과거의 일에 시달리지도 않고, 허망한 미래에 대한 생각으로 방해받지도 않을 것입니다. 몸과 마음을 다해 성실하고 진실한 자세로 자신에게 주어진 인생에 몰두하고, 한 걸음 한 걸음 착실하게 내디디면 그뿐입니다. 자신에게 주어진 현재가 과거나 미래에 비해 훨씬 중요합니다. 어제는 이미 역사가 되었고, 내일은 아직 알 수 없으니, 오직 현재만이 하늘이 우리에게 내린 가장 훌륭한 선물이라 할 수 있습니다.

인생에서 어느 하나라도 예측할 수 있는 것이 있을까요? 지금 우리에게 필요한 것은 다만 자신에게 주어진 현재를 소중히 여기고 최선을 다하는 자세입니다. 자신에게 주어진 시간을 최선을 다해 영위해나갈 때 진정한 의미에서 아름다운 내일을 맞이할 수 있을 것입니다.

삶
에
서

실
천
하
기

————————

제
8
장

事上磨鍊

개념이 아닌 실제에서

사람은 반드시 일에서 연마해야만 비로소 확고하게 일어설 수 있다. −23조목

용장에서의 깨달음 이후 양명의 가르침은 몇 차례 변화 과정을 거칩니다. 양명은 처음 공부하는 사람들에게는 정좌靜坐 공부를 요구했습니다. 마음이 외부로 치닫는 병폐가 있으므로 가만히 앉아서 마음을 안정시켜야 하기 때문이죠. 그러나 정좌 공부를 하다 보면 자칫 마른 나무처럼 생기가 없어지는 병통에 빠질 수 있습니다. 이를 보완하기 위해 양명은 인욕을 제거하고 천리를 보존하는 성찰극치 공부를 제시합니다. 정좌가 정적인 상태의 미발未發 중심 공부라면, 성찰극치는 구체적인 일에서 연마하는 사상마련事上磨鍊처럼 동적인 상태의 이발已發 중심 공부라 할 수 있습니다. 이후 양

명은 최종적으로 치양지 공부를 제시합니다. 치양지는 동動과 정靜, 미발未發과 이발已發을 통일하는 공부입니다. 양지만 명백하게 깨닫는다면 고요할 때 체득하는 것도 괜찮고, 움직일 때 연마하는 것도 괜찮습니다. 마음의 본체인 양지 자체에는 동정이나 미발, 이발의 구분이 없기 때문이죠.

진정한 공부란 생활 속의 단련을 통해 가능합니다. 그래서 양명은 항상 실천을 강조했습니다. 일하는 것과 학문하고 공부하는 것을 나눠 보지 않은 것이죠. 한번은 어떤 하급 관리가 오랫동안 선생의 강의를 듣고는 "이 학문이 매우 좋기는 하지만 공문서를 관리하고 소송을 관장하는 일이 번잡해 학문을 할 수 없습니다" 하고 말했습니다. 그러자 양명은 이렇게 대답합니다. "내가 언제 그대에게 공문서를 관리하고 소송을 관장하는 일을 떠나 허공에 매달려 강학하라고 가르친 적이 있는가? 그대에게는 이미 소송을 판결하는 일이 주어져 있으니, 그 일에서 학문을 해야만 비로소 진정한 격물이네."

세계적으로 성공한 사람들을 살펴보면 그들 가운데 적지 않은 경우가 자수성가한 부자라는 걸 알 수 있습니다. 미국 400대 부자 중에는 자수성가한 경우가 70퍼센트 가까이 됩니다. 자수성가한 부자들은 부모에게 물려받은 유산이 거의 없거나, 가정환경이 그리 좋은 편이 아니라는 공통점이 있습니다. 열악한 환경에 좌절하지 않고 남들보다 몇 배나 열심히 일하고 노력한 끝에 자신의 이상을 실현할 수 있었던 것이죠. 그들이 거둔 성공은 어느 날 갑자기 찾아온 마법이 아니라 끊임없는 자기 단련의 결과입니다.《맹자》에 "우환 의식 속에 살면 생존할 수 있고, 안락에 빠지면 죽게 된다"는 말이 있습니다. 걱정과 근심 탓에 지금 당장 힘들고 어려워도, 그 상황이 오히려 나를 긴장시켜 살게 하고, 편안함과 안락함이 오히려 나를 죽음으로 내몬다는 다소 역설적인 이야기입니다. 하늘이 어떤 사람을 위대하게 만들고자 하면 반드시 그에게 역경을 주어 견디게 합니다. 먼저 그 사람의 마음을 고통스럽게 하고 육체를 수고스럽게 하며, 배고픔과 궁핍함을 더해 그러한 어려움을 이겨낼 수 있는 힘을 기르게 하는 것입니다.

조선 전기 문신이었던 강희맹은 《사숙재집私淑齋集》에서 어느 도둑 부자의 이야기를 들려줍니다. 한 도둑이 자기 아들에게 도둑질하는 기술을 가르치기 위해 아들을 데리고 부잣집 담을 넘었습니다. 그런데 아버지는 일부러 보물창고에 자식을 가두고 소리를 질러 주인에게 발각되게 한 뒤에 혼자서만 그곳을 빠져나왔습니다. 창고에 갇힌 아들은 살아 나가기 위해 온갖 꾀를 부렸고, 가까스로 탈출에 성공하죠. 집으로 돌아온 아들은 자신을 가둔 아버지를 원망했습니다. 그때 도둑이 자식에게 말했습니다. "내가 너를 함정에 빠뜨린 것은 너를 앞으로 닥칠 수 있는 위기에서 구원하고자 함이었다." 도둑은 자기 자식이 스스로 위기를 극복하는 방법을 터득하게 하려고 일부러 그런 상황을 만들었던 거죠. 아무 고생시키지 않고 키우는 것이 일시적으로는 자식을 위하는 듯 보일지 몰라도 결국은 경쟁력을 떨어뜨려 장래를 망치는 결과를 초래함을 알았던 겁니다.

"아무리 아름다운 옥도 다듬지 않으면 그릇이 될 수 없고, 사람도 갈지 않으면 재목이 될 수 없다"라는 말이 있습니다. 자신의 도덕 수양이나 업무 능력을 향상시키고자 한다면 반드시 사상마련을 해야 합니다. 고난을 경험하고 도랑을 뛰어넘어야 우리의 마음은 더욱 견고해집니다. 혹독한 시련을 겪은 매만이 힘차게 날 수 있으며, 비바람을 충분히 맛본 수목만이 무럭무럭 자라날 수 있는 이치입니다.

순수하고 한결같이

육징이 물었다. "오직 순수하게 하고 오직 한결같이 하는 것은 어떻게 힘쓰는 것일까요?" 선생께서 대답하셨다. "오직 한결같게 하는 것惟一은 오직 순수하게 하는 주지主旨이고, 오직 순수하게 하는 것惟精은 오직 한결같게 하는 공부이니, 순수하게 하는 것 말고는 다시 한결같게 하는 공부가 있는 것이 아니다." -25 조목

오직 한결같게 하는 '유일惟一'은 오직 순수하게 하는 '유정惟精' 공부를 통해 도달하고자 하는 목적이고, 유정은 유일이라는 목적에 도달하기 위한 과정입니다. 양명에게 유정과 유일은 모두 마음

공부입니다. 유정은 인욕을 제거해 마음을 순수하게 하는 것이고, 유일은 순수한 천리의 마음을 한결같게 유지하는 것입니다. 비유하자면 쌀을 완전히 깨끗하고 희게 만들려는 것이 바로 유일입니다. 그러나 벼를 절굿공이로 찧고 키로 까불고 체로 치고 손으로 뉘를 골라내는 노력을 기울이지 않는다면 완전히 깨끗하고 흰 쌀을 얻을 수 없습니다. 이런 찧고 까불고 치고 골라내는 유정 공부 역시 쌀을 완전히 깨끗하고 희게 하려는 데 불과합니다.

어떤 일이든 목표가 없을 수 없습니다. 목표는 확고부동하고 한결같아야지 마음 내키는 대로 고쳐서는 안 됩니다. 또한 목표를 실현하기 위해서는 일순간도 긴장을 늦추거나 성급하게 처리해서는 안 됩니다. 충분히 생각하고 정확한 방법으로 일처리를 하면, 적은 노력으로 많은 성과를 올릴 수 있습니다. 세상에 순도 백 퍼센트의 황금이 있을 수 없듯, 가장 좋은 것이란 있을 수 없습니다. 다만 보다 좋은 것이 있을 따름입니다. 그러므로 공연히 가장 좋은 것만 추구할 게 아니라, 자신에게 주어진 현실에서 보다 좋은 것을 추구하기 위해 노력하는 게 좋습니다. 조금씩 완벽을 추구해 나가는 과정을 거치면 자신이 추진하려던 일도 자연스레 보다 나은 방향으로 나아가고, 마땅히 보다 좋은 결과를 기대할 수 있습니다.

직접 경험해야 한다

인생은 괴로움과 즐거움이 끊임없이 교차하는 여로입니다. 살다 보면 때로는 기쁜 일로 즐거워하고, 때로는 슬픈 일로 괴로워하기도 합니다. 언제나 괴로움으로 가득한 것도 아니고, 언제나 즐거움만 있는 것도 아닙니다. 괴로움과 즐거움은 서로 모순되지만 서로 연결되어 있습니다.

괴로움과 즐거움의 관계에 대해 《채근담》에서는 다음과 같이 말합니다. "추녀 끝에 걸어놓은 풍경은 바람이 불지 않으면 소리를 내지 않는다. 바람이 불어야만 비로소 그윽한 소리를 낸다. 인생이 무사평온하다면 즐거움이 무엇인지 알지 못한다. 힘든 일이 있기 때문에 비로소 즐거움의 진정한 가치를 알게 된다."

괴로움을 겪지 않으면 그에 따르는 즐거움이 얼마나 값진지 알지 못하겠죠. 인생이 마냥 즐겁기만 하다면 진정한 즐거움을 알지 못합니다. 어렵고 힘든 일을 체험하고 나서야 비로소 참된 즐거움을 맛볼 수 있는 것입니다.

즐거움을 얻기 위해서는 변화를 감수해야 하며, 변화는 고통을 수반합니다. 영국의 유명한 과학자 앨프리드 러셀 월리스의 어릴 적 이야기입니다. 월리스는 숲속에서 나무와 곤충을 관찰하다가 어느 날 나비가 고치 밖으로 나오려 몸부림치는 장면을 보게 되었습니다. 그러다 나비를 도와줄 요량으로 누에고치를 찢어 출구를 넓혀주었죠. 그런데 그렇게 나온 나비는 아름답게 날기는커녕 몇 차례 힘없는 날갯짓을 하더니 그만 죽고 말았습니다. 나비는 스스로 고치를 뚫고 나오는 과정에서 앞으로 살아갈 힘을 얻는다고 합니다. 윌리스는 나비의 고통을 덜어주고 싶었지만 결과적으로 나비가 스스로 살아갈 힘을 앗아가버린 셈입니다.

고난이 없다면 얻는 것도 없습니다. 고난은 사람의 의지를 연마해 나약한 사람을 굳세고 강인하게 변화시킵니다. 양명도 예외가 아니었죠. 고난과 좌절을 겪은 뒤 심성이 더욱 굳어졌고, 이런 과정을 통해 군중의 괴로움을 이해하기 시작했습니다.

벙어리는 쓰디쓴 오이를 먹고도 그 맛을 그대에게 말할 수 없다. 그대가 그 쓴맛을 알고자 한다면 그대 스스로 먹어보아야 한다. ─125조목

길게 보면 좌절과 실패는 인생에서 가장 귀중한 정신적 자산입니다. 괴로움은 즐거움의 원천이고, 즐거움은 괴로움의 귀결입니다. 그러므로 삶이 어렵다고 포기할 것이 아니라 고생 끝에 낙이 온다는 신념을 가지고 용기를 내 변화를 추구해야 합니다. 풍상을 겪지 않고서 어찌 섣달 매화가 맑은 향을 뿜을 수 있을까요. 성공의 즐거움은 어렵고 고통스러운 상황을 이겨낸 결과이지 저절로 쉽게 이루어지는 게 아닙니다.

인생이 무사평온하다면 즐거움이 무엇인지 알지 못한다.
힘든 일이 있기 때문에 즐거움의 진정한 가치를 알게 된다.

마음이 유쾌하면 병을 막을 수 있다

질병은 어느 날 갑자기 예고도 없이, 자신의 의지와 관계없이 찾아오기 때문에 받아들이기가 쉽지 않습니다. 질병은 사실 인생에서 넘어서기 어려운 관문임에 틀림없습니다. 육체의 고통은 물론, 심하면 죽음까지도 수반하는 병에 얽매여 있으면 마음의 평안과 즐거움을 얻기 어렵습니다.

남녀노소를 막론하고 일생 동안 단 한 번이라도 병에 걸리지 않는 사람은 드뭅니다. 하지만 생각해봅시다. 가볍지 않은 질병을 앓고 있는데도 마치 아무 일도 없다는 듯 즐겁게 살아가는 사람이 있는가 하면, 아주 하찮아서 무시해도 좋을 병에 걸렸는데도 마치 죽을병에 걸린 듯 걱정하고 두려워하는 사람도 있습니다. 전자의 경우에는 비록 중병에 걸렸다 해도 이를 탐탁지 않은 방문객으로 대하는 대신 자신과 일생을 같이할 동반자로 여기면서 기꺼이 받아들입니다. 그러다 보니 자신도 모르는 사이에 병세가 호전되어 마침내 치유되는 기적이 일어나기도 하죠. 후자의 경우에는 아무 이상이 없으니 안심해도 좋다는 의사의 진단을 들었는데도 제멋대로 이것저것 의심한 나머지 상황을 더욱 나쁘게 만듭니다. 작은 병이 큰 병으로 악화하기도 하죠.

구천이 건주에서 앓아누웠을 때, 선생께서 말씀하셨다. "병중의 의념도 바로잡기가 어렵다. (그대는) 어떻게 생각하는가?"(구천이) 대답했다. "공부가 매우 어렵습니다." 선생께서 말씀하셨다. "늘 쾌활한 것이 바로 공부이다." -215조목

양명은 병에 걸린 구천에게 생각을 쾌활하게 갖도록 권고합니다. 즉 몸과 마음이 병에 얽매여 괴롭힘을 당해서는 안 된다는 당부입니다. 병을 치료할 때는 마음가짐이 대단히 중요합니다. 연구에 따르면, 평상시 감정 기복이 심한 사람들이 고혈압과 심장병 같은 질병에 걸릴 확률은 성격이 낙관적인 사람들의 발병률에 비해 몇 배나 높다고 하죠. 또 오랜 기간 긴장상태에 놓여 있거나 온갖 걱정과 초조함을 안고 살아가는 사람들은 심장마비 같은 질병에 걸리기 쉽습니다. 자주 화를 내는 사람은 혈압이 반복해서 올라갔다 내려갔다 해서 고혈압에 걸리고, 쓸데없는 생각을 많이 하거나 답답하고 억울한 감정을 품고 사는 사람은 궤양병에 걸릴 확률이 높습니다.

건강하게 장수하는 비결은 바로 자신의 정서를 조절해 감정의 폭을 줄이는 것입니다. 즉 정서를 조절하는 자기 수양이 필요합니다. 마음의 동요 없이 정적인 상태를 유지하는 게 행복해지는 첫걸음이죠. 즐거움이야말로 감정을 조절해 질병을 물리칠 수 있는 가장 강력한 무기입니다. 건강하고 즐거운 마음을 지니고 있어야 건강한 신체를 유지할 수 있습니다.

어느 날 갑자기 뜻하지 않은 질병이 찾아온다면 어찌할 도리가 없습니다. 그럼에도 불구하고 자신의 마음을 잘 조절하고 즐거

움을 유지해 질병과의 싸움에서 이긴다면 최소한 질병이 악화하는 상황만큼은 피할 수 있을 겁니다. '일노일로一怒一老, 일소일소一笑一少'라고 했습니다. 화를 낼수록 점점 더 늙어가고, 웃으면 웃을수록 점점 더 젊어집니다. 건강하게 살고 싶다면 매일매일 반복되는 일상에서 미소를 머금고 매사 긍정적으로 생각해 자신의 마음을 평안하게 하는 태도가 중요합니다.

진정한 깨달음은 귀하다

자기 손을 하루라도 보지 않는 날은 없지만 손금이 얼마나 되는지, 손금이 어떤 모양을 하고 있는지 관심을 가지고 들여다보는 사람은 드뭅니다. 마찬가지로 모든 사람이 선천적으로 지닌 양지는 쉽게 알 수 있지만 양지의 진정한 의미를 이해하거나 실현할 수 있는 사람은 많지 않습니다. 꽃 하나에 하나의 세계가 있고, 잎 하나에 하나의 여래가 깃들어 있다고 하죠. 세상에 존재하는 것은 무엇 하나 예외 없이 귀하지 않음이 없으며, 그 자체로 깊은 의미를 담고 있습니다. 다만 우리가 그 존재의 참된 가치를 쉽게 발견하지 못할 뿐입니다. 존재 자체를 너무나 당연하게 생각해 자세하게 관찰하지 못하는 까닭이죠.

당나라의 어느 시인이 이런 시를 남겼습니다. "산속의 중은 갑자을축甲子乙丑을 헤아리지 않지만, 나뭇잎 하나 떨어짐을 보고 온 세상이 가을 될 것을 안다네."

우리는 처마에서 떨어지는 물 한 방울, 가을날 떨어지는 나뭇잎 한 잎 등 일상생활에서 마주하는 자연의 흐름에 주의를 기울이지 않고 무심히 흘려보냅니다. 어찌 보면 지극히 사소한 조짐이라 무시하고 지나치는 게 당연할지도 모릅니다. 하지만 사소한 한 가지 일로 큰일을 미루어 짐작할 수 있는 경우도 적지 않습니다. 떨어지는 나뭇잎을 보고 가을이 왔음을 아는 것이나 나무에서 떨어지는 사과를 보고 만유인력의 법칙을 발견한 것은 평소 사물을 꼼꼼하게 체험하고 관찰한 결과라 할 수 있죠.

당나라의 유명한 시인 백거이도 〈대림사 복사꽃〉이라는 시에 다음과 같이 적었습니다. "인간 세상 사월은 화초가 다 졌는데, 산사의 복숭아꽃은 활짝 피기 시작했네." 보통 사람이라면 이 시를 읽으며 시구가 아름답다는 것 말고는 다른 생각을 하기 어렵고, 어찌 보면 그게 지극히 정상입니다. 그러나 북송 때 학자인 심괄은 이 시구를 보고 다음과 같은 의문을 제기했습니다. "산 아래의 꽃이 모두 시들어 지는데 산 위의 꽃이 이제 막 활짝 피기 시작한 것은 무슨 까닭일까?" 심괄은 도무지 이해가 되지 않아 그 경위를 파악하기 위해 산 위로 올라갔습니다. 사월의 산사는 추위가 완전히 가시지 않아 금방 따뜻하다 싶으면 다시 추워지는 날씨가 반복되고 있었죠. 산 위의 온도는 산 밑의 온도보다 훨씬 낮았습니다. 산 위에서 부는 찬바람을 맞으며 심괄은 마침내 깨달았습니다. 이런 온도 차이로 인해 산 위의 꽃이 산 밑보다 늦게 핀다는 사실 말입니다. 이런 심괄의 탐구 정신은 훗날 '중국과학사의 좌표'라고 일컬어지는 《몽계필담夢溪筆談》을 탄생시켰습니다.

> 만약 양지를 분명하게 깨닫고자 한다면, 누가 깨달을 수 있겠는가? -340조목

세상에는 무수히 많은 사물이 있습니다. 이 가운데 어느 것 하나 아무런 이유 없이 생겨난 것은 없습니다. 세상 사물은 하나같이 그 나름의 의미를 지니고 있으며, 우리는 각각의 사물을 이해하면서 지식과 경험을 넓혀나갈 수 있습니다. 그러니 세상에 있는 모든 사물을 진지하고 자세하게 관찰해나갈 필요가 있습니다.

실패를 냉정하게 바라보라

공부할 때 무엇보다도 경계해야 할 것은 조장하려는 마음입니다. 이 세상에는 공자가 말하는 생이지지자生而知之者, 즉 나면서부터 지혜로운 사람은 드뭅니다. 대부분의 사람은 끊임없는 배움을 통해 성인의 경지에 도달할 수 있을 뿐입니다. 단계를 뛰어넘어 어느 날 갑자기 경지에 오르는 법은 없습니다. 배움의 과정은 성공과 실패, 나아감과 물러섬의 연속입니다. 언제나 성공과 나아감만 있을 수 없고, 언제나 실패와 물러섬만 있을 수도 없습니다.

인생을 살다 보면 종종 좌절하기도 하고 실패를 경험하기도 합니다. 이런 일을 겪었을 때 가장 먼저 필요한 것은 뭘까요. 주어진 현실을 있는 그대로 냉정하고 침착하게 받아들이는 자세입니다. 길을 가다 부주의한 나머지 돌에 걸려 넘어졌다면, 천천히 일어나서 몸에 묻은 흙을 툭툭 털어내며 몸에 상처가 났는지 살펴본 다음 다시 가던 길을 가면 됩니다. 넘어진 적이 없었던 것처럼 꾸밀 필요도 없고, 다시 넘어질까 두려워 앞으로 나아가려 하지 않아서도 안 됩니다. 다만 자기 앞에 놓인 상황을 침착하고 담담하게 받아들이고 용감하게 대처해나가야 합니다.

자신이 이전에 공부를 했으나 지금 도리어 아무런 성과가 없다고 해서 억지로 실패가 없었던 것처럼 꾸며내서는 안 된다. 이것이 바로 조장하는 것이며, 예전에 해놓은 얼마의 공부조차도 무너지고 만다. 이것은 작은 허물이 아니다. 비유컨대 길을 가는 사람이 한 번 넘어지면 일어나서 곧장 길을 가는 것과 같다. 사람을 속여서 넘어진 적이 없었던 것처럼 꾸며내서는 안 된다.
−243조목

세상에 어떤 일이 발생하든 우리의 삶은 지속됩니다. 우리가 원한다고 벌어질 일이 일어나지 않고 발생하지 않을 일이 일어나는 경우는 거의 없습니다. 현실을 극복할 단 하나의 방법은 자기에게 주어진 현실을 직면하고 인정하는 것입니다.

성공하는 사람이 성공할 수 있는 이유는 그가 다른 사람과 비교해 절대적으로 총명하다거나 그가 가지고 있는 능력이 월등하다는 데 있지 않습니다. 단지 성공과 실패를 대하는 태도에서 말미암습니다. 성공했다고 해서 기쁨에 취해 있다거나 실패했다고 해서 슬픔에만 빠져 있어서는 안 됩니다. 성공과 실패를 교훈 삼아 계속해서 한 걸음 더 나아가야 합니다. 그것이 비록 작은 한 걸음에 그칠지라도 이를 통해 자신이 원하는 길로 더 가까이 다가갈 수 있는 것입니다.

공부할 때 무엇보다 경계해야 할 것은 빠른 효과를 보고 싶어 하는 마음입니다. 성인의 경지에 이르는 것은 결코 쉬운 일이 아닙니다. 그러려면 끊임없는 공부가 필요하겠죠. 하지만 조급한 마음이 앞서 공부의 단계를 무시하고 효험만 중시해 인위적으로 훌쩍 건너뛰는 엽등을 꾀한다면, 당장에는 효과가 있는 듯 보일지 몰라도 궁극적으로 크게 잘못되는 결과를 가져올 뿐입니다. 본래 한 번 일어났다 한 번 엎드리고, 한 번 나아갔다 한 번 물러서는 것이 공부의 순서입니다.

학문에서든 도덕 수양에서든 조장하려는 마음이 앞서서는 안 되며, 주어진 현실과 자신의 현재 상태를 직시하고 받아들여야 합니다. 이런 태도는 물론 다른 일에서도 마찬가지로 요구되는 바입니다.

지식을 소화할 수 있는 능력

무릇 음식은 다만 내 몸을 기르려는 것이므로 먹은 뒤에는 소화
해야 한다. 만약 쓸데없이 배 속에 축적한다면 만성적인 비장
비대증에 걸릴 것이니, 어떻게 살과 살갗을 자라게 하겠는가?
—220조목

우리는 흔히 학문을 한다고 하면 대부분 외부에서 풍부한 지식
을 대량으로 받아들이는 것을 생각합니다. 하지만 학문을 할 때는
그렇게 받아들인 지식을 자신의 상황에 맞게 적절하게 운용하는
것이 더 중요합니다. 우리가 음식물을 섭취하는 목적은 뭘까요?
단순히 음식물을 배 속에 쌓아두기 위해서일까요? 당연히 음식물
을 소화해 생명을 유지하기 위함입니다. 그러므로 아무리 많은 지
식을 받아들인다 해도 이를 잘 운용하지 못한다면, 마치 많은 음
식을 먹고 나서 소화하지 못하는 것과 같습니다. 결국 배탈이 나
듯 부정적인 결과를 초래할 수 있죠.

어느 분야에 관한 전문가가 되기 위해서는 그 분야에서 요구하
는 지식을 습득하는 것이 우선입니다. 그러나 그때도 지식을 단순
히 암기하기보다는 반드시 습득한 지식을 소화해 내 것으로 만드
는 작업이 필요합니다. 선현들이 배움과 생각의 관계를 중시하는
이유가 바로 이것입니다. 공자는 "배우기만 하고 생각하지 않으면
어둡고, 생각만 하고 배우지 않으면 위태롭다"라고 했고, 맹자는

"마음의 기능은 생각하는 것이니 생각하면 얻고 생각하지 않으면 잃는다"라고 했습니다. 단순히 폭넓은 지식을 받아들이는 게 중요한 것이 아니고, 받아들인 지식을 어떻게 소화할 것인가 하는 것이 중요하다는 말입니다.

현실에서 사람들이 겪는 곤혹스러움은, 그들이 배운 지식을 실생활에서 제대로 활용하지 못한다는 점입니다. 그래서 실패라는 울타리를 벗어나기 힘듭니다. 이런 상황에 부딪히면 적지 않은 사람들은 다음과 같은 의심이 들 겁니다. '지식이 운명을 바꿀 수 있다고 하지 않았던가? 많은 지식을 쌓았는데도 왜 운명이 바뀌지 않을까? 운명을 바꾸지 못하는 것은 무엇 때문일까?'

운명이 바뀌지 않는 근본적인 이유가 뭘까요. 책에 기록된 지식은 결코 자신의 학문이 아니고, 더욱이 자신의 지혜가 아니기 때문입니다. 책을 읽는 목적은 단순히 지식을 외우는 데 있지 않습니다. 책을 읽으면 허다한 지식을 자기 머릿속에 넣을 수 있지만, 책에서 배운 지식을 현실에서 적용하려면 각자가 처한 상황에 맞게 지식을 활용할 필요가 있습니다. 다시 말해 지식을 지혜로 바꾸는 사고 작용이 필요합니다. 배운 것을 마음으로 사고하고, 지식을 지혜로 변화시켜 실제적으로 실행하는 것이 책을 읽는 진정한 목적입니다. 이런 이유에서 양명은 결코 지식을 통해 해답을 구하라고 말하지 않고 몸소 공부해 진실한 체험을 구하라고 요구한 것입니다.

사
람
과

만
물
은

하
나
다

_____

제
9
장

萬
物
一
體

양지와 만물의 관계

양명이 제자 황이방에게 물었습니다. "그대는 이 천지 가운데서 무엇이 천지의 마음이라고 생각하는가?" 제자가 대답합니다. "일찍이 사람이 천지의 마음이라고 들었습니다." 양명이 다시 묻습니다. "무엇이 사람의 마음인가?" 제자는 자신이 알고 있는 심학 지식을 활용해 답합니다. "단지 하나의 '영묘하고 밝은 것'이 마음입니다." 여기에서 제자가 말한 '영묘하고 밝은 것', 즉 영명靈明이란 단어는 양명이 즐겨 쓰던 용어 가운데 하나입니다. 이에 양명은 제자의 말을 이어받아 좀 더 자세하게 설명합니다. "이로써 하늘과 땅 사이에 가득 찬 것은 단지 이 하나의 영명이라는 것을 알 수 있다. 사람은 단지 형체 때문에 스스로 사이가 떨어져 있을 뿐이다." 양명은 한 걸음 더 나아가 이런 인위적인 간격을 철저하게 타파하기 위해 반드시 다음과 같은 도리를 이해해야 한다고 밝히고 있습니다.

나의 영명靈明이 바로 천지 귀신의 주재主宰이다. −336조목

나의 영명이 바로 천지 귀신의 주재입니다. 다시 말해 내 안에
내재한 양지가 바로 천지 귀신을 주재하는 주체인 것입니다. 그러
므로 천지, 귀신, 만물이 나의 영명을 떠난다면 천지, 귀신, 만물
은 존재할 수 없습니다. 이와 반대로 나의 영명이 천지, 귀신, 만
물을 떠난다면 나의 영명 또한 존재할 수 없을 겁니다.

그런데 문제가 하나 있습니다. 천지, 귀신, 만물은 오랜 옛날
부터 객관적으로 있어왔으며 인간의 의지로 하루아침에 바뀔 수
있는 존재가 아니라는 점입니다. 이런 명백한 사실 앞에 무슨 근
거로 나의 영명이 없으면 천지, 귀신, 만물이 존재하지 못한다고
말할 수 있을까요? 양명은 천지, 귀신, 만물 등은 사람의 영명과
상관없이 스스로 존재한다는 전통적 관념에 맞서 다음과 같이 힘
있게 반문함으로써 대답을 대신합니다. "죽은 사람은 그의 정령이
흩어져버리는데, 그의 천지 만물이 또 어디에 있겠는가?"

양명에 따르면, 천지 만물의 의미와 가치는 반드시 사람의 존
재에 좌우됩니다. 사람의 마음은 천지 만물과 동체입니다. 하늘의
높음과 땅의 깊음, 귀신의 길함과 흉함, 재앙과 상서로움 등 천지,
귀신, 만물은 나의 영명이 있으면 존재할 수 있는 반면, 나의 영
명이 없으면 한시라도 존재할 수 없습니다. 그러므로 마음을 떠나

외부 사물에서 이치를 구하는 일도 있을 수 없습니다. 무릇 각각의 사물에서 이치를 구하는 것은 부모에게서 효의 이치를 구한다는 말과 같습니다. 부모에게서 효의 이치를 구한다면 효의 이치는 과연 내 마음에 있을까요, 아니면 부모의 몸에 있을까요? 가령 효의 이치가 부모의 몸에 있다면 부모가 돌아가신 뒤에 내 마음속에 있던 효가 사라져버리는 걸까요? 어린아이가 우물에 빠지는 것을 보면 반드시 측은히 여기는 이치가 생기는데, 이 측은히 여기는 이치는 과연 어린아이의 몸에 있을까요, 아니면 내 마음의 양지에 있을까요? 이렇게 유추하면 온갖 사물의 이치가 모두 그렇지 않음이 없습니다. 따라서 마음과 이치를 둘로 나누어 보는 이론이 잘못되었음을 알 수 있습니다.

내 마음의 양지는 현실 세계의 가치와 의미를 결정하고 부여합니다. 천지 만물은 본래 사람과 일체이며, 사람의 양지에 근거해 각각 자기 모습을 드러냅니다. 만물이 각각 자기 모습을 드러내는 것이 바로 양지의 발용, 유행인 셈입니다.

양지는 어디에 있는가

양지는 사람 마음 가운데 있으며, 또한 시공간을 초월해 보편적으로 존재합니다. 양지는 과거에도 존재했고 현재에도 존재하며 미래에도 존재합니다. 천 년 이전이나 만 년 이후라도 이 세상은 끊임없이 변화해갈 테지만, 언제 어디서나 양지가 존재한다는 이 사실만큼은 영원히 변하지 않습니다.

생각건대 양지가 사람의 마음 가운데 있다는 것은 아주 오랜 시간과 전 우주 공간을 통틀어 같지 않음이 없다. —171조목

과거 성현들이 지니고 있던 양지나 현재를 살아가는 우리가 지닌 양지에는 근본적으로 어떤 차이도 없습니다. 성인인 요순의 양지와 우리의 양지가 다르다고 말할 수도 없습니다. 다시 말해, 성인이나 우리 같은 보통 사람이나 모두 양지를 선천적으로 내재하고 있다는 면에서는 동일합니다. 이런 양지는 또한 전 우주 공간에 꽉 들어찬 존재로서, 사람은 물론이고 동물이나 식물, 심지어는 무생물에도 깃들어 있습니다. 양명은 이에 대해 다음과 같이 언급합니다.

"사람의 양지가 바로 풀, 나무, 기와, 돌의 양지다. 만약 풀, 나무, 기와, 돌에 사람의 양지가 없다면 풀, 나무, 기와, 돌이 될 수 없다. 어찌 풀, 나무, 기와, 돌만 그러하겠는가? 천지도 사람의 양지가 없으면 역시 천지가 될 수 없다. 생각건대 천지 만물은 사람과 원래 일체이며, 그것이 발하는 가장 정밀한 통로가 바로 사람 마음의 한 점 영명이다. 바람과 비, 이슬과 우레, 일월성신과 금수초목, 산천토석은 사람과 원래 일체다. 오직 하나의 기운을 공유하고 있어서 서로 통할 수 있다."

양지를 내재하고 있다는 면에서 보면 천지 만물은 사람과 본래 하나입니다. 그러므로 천지 만물은 사람의 양지에 근거해야 각각 자기 모습을 드러낼 수 있습니다. 사람과 천지 만물은 하나의 기운, 즉 양지를 공유하기 때문에 이런 양지의 발용과 유행을 거쳐 서로 통할 수 있습니다. 그러므로 양지를 실현하는 데 힘쓰면 저절로 시비선악을 공유해 옳고 선한 것을 좋아하고 그리고 악한 것을 싫어하며, 남을 자기와 같이 보고 나라를 한집안처럼 보며 천지 만물을 한 몸처럼 여길 수 있게 됩니다.

요임금이나 순임금 등 옛 성현이 말을 하면 백성 가운데 믿지 않은 자가 없었던 것은 그들 스스로가 양지를 실현해 말했기 때문이며, 그들이 행동했을 때 백성 가운데 기뻐하지 않은 자가 없었던 것은 양지를 실현해 행동했기 때문입니다. 요임금이나 순임금은 천하를 다스리는 방법이 간단하고 쉬움을 자신들의 언행을 통해 직접 보여주고 있습니다.

마음의 본체로서의 양지는 태양과 같이 항상 비추는 존재입니다. 태양은 언제 어디서나 일찍이 있지 않은 적이 없을 뿐만 아니라 밝지 않은 적이 없습니다. 간혹 기후 변화에 따라 태양이 구름에 가려지는 때도 있고, 비나 눈이 내리는 날에는 태양이 잘 보이지 않기도 합니다. 하지만 그런 경우에도 태양이 완전히 사라졌다고는 할 수 없죠. 비록 잠시 가려진다 하더라도 외부 환경과 원인이 제거된다면 본래의 밝은 모습을 회복할 수 있기 때문입니다.

이와 마찬가지로 마음에 거짓된 생각이 싹트더라도 양지는 있

천지 만물은 사람과 원래 일체이다.

지 않은 적이 없습니다. 다만 사람들이 보존할 줄 모르기 때문에 간혹 마음을 놓아버리는 때가 있을 뿐입니다. 비록 지극히 어리석은 사람일지라도 그의 양지는 밝지 않은 적이 없습니다. 다만 사람이 살필 줄 모르기 때문에 간혹 가리어지는 때가 있을 뿐입니다. 양지는 후천적 요소나 환경적 원인으로 인해 사라질 수 있는 존재가 아니며, 언제 어디서나 영원히 존재합니다. 사람이 우매하거나 또는 마음이 일시적으로 정상적인 상태에서 벗어났다고 해도 그 본래 모습이 감소하거나 없어지는 게 아닙니다. 비록 사람이 처한 상태는 천차만별이지만 마음의 본체로서의 양지는 언제 어디서나 영원한 존재입니다.

어진 자는 천지 만물을 한 몸으로 삼는다

《논어》〈안연〉편에서 번지가 인에 대해 묻자 공자는 인이란 모든 사람을 사랑하는 것이라고 대답했습니다. 여기에서 공자가 말하는 '모든 사람'은 단순히 인류가 아니라 살아 있는 모든 생명을 포함하는 광범위한 개념입니다. 이로써 공자가 말하는 인은 모든 생명이 평등하다는 기본 전제 아래 만들어졌으며, 조금의 사심도 개입되어 있지 않음을 알 수 있습니다. 공자가 온갖 고생을 무릅쓰고 열국을 주유한 이유 또한 천지 만물을 한 몸으로 여기는 어진 마음 때문입니다. 그래서 공자는 장저와 걸익이 세상을 떠나 자신들과 함께 자연을 벗 삼아 살자는 제안을 일언지하에 거절했습니다. 나아가 "내가 이 사람의 무리와 함께하지 않는다면 누구와 함께하겠는가"라고 말하며 혼란한 세상을 구하려는 뜻을 포기하지 않았습니다.

양명은 만물 일체의 도리를 다음과 같이 상세히 밝힙니다. "금수와 초목을 모두 사랑하지만 초목으로 금수를 기르는 것은 참을 수 있다. 사람과 금수를 모두 사랑하지만 금수를 잡아 부모를 봉양하고, 제사에 제물로 바치고, 손님을 대접하는 것은 참을 수 있다. 육친과 길 가는 사람을 모두 사랑하지만 한 그릇의 밥과 한 그릇의 죽을 먹으면 살고 먹지 못하면 죽는 상황에서 두 사람 모두 보전할 수 없다면 차라리 육친을 구제하고 길 가는 사람을 구제하지 않는 것은 또한 참을 수 있다."

또한 양명은 양지를 실현함으로써 만물 일체를 실현할 수 있다고 했습니다. 성인의 마음은 천지 만물과 한 몸이니 사람을 대할 때 내외와 원근의 구별이 있을 수 없습니다. 평범한 사람의 마음도 원래 성인의 마음과 다름이 없지만, 후천적으로 사심이 뒤섞이고 물욕이 생겨 마음속 양지가 저도 모르게 가리어지게 됩니다. 그 결과 만물을 한 몸처럼 사랑하는 마음이 편협한 사심으로 변하죠. 사심이 생기면 사랑하고 증오하는 감정이 따라 생겨서 만물을 갈라지게 합니다. 만약 사랑하는 마음과 증오하는 마음의 구분을 없애 천지 만물을 일체로 본다면 양지의 본모습을 회복할 수 있습니다.

어진 자는 천지 만물을 한 몸으로 삼는다. 가령 하나의 사물이라도 마땅한 자리를 잃는다면, 나의 어짊에 아직 다하지 못한 부분이 있는 것이다. —89조목

양명이 추구하는 궁극적 경지는 만물을 일체로 파악하는 만물 일체입니다. 자기 덕성을 실현하고 만물이 각기 그 마땅한 자리를 얻는 성기성물成己成物의 경지이기도 하죠. 이런 경계에 이를 수 있는 내면적 기초는 만물을 일체로 삼는 어진 마음이며, 이것이 바로 명덕입니다. 명덕은 인간이면 누구나 지니는 보편적인 마음의 본체입니다. 이와 관련한 실천 공부가 바로 명명덕明明德입니다. 명명덕은 뭇 사람과 존재를 사랑하는 친민親民을 통해 이루어집니다. 만약 하나의 사물이라도 마땅한 자리를 얻지 못하면 아직 내 마음의 본체인 만물 일체의 인이 실현되었다고 말할 수 없습니다.

동양 전통에서 인류는 나의 형제요, 만물은 나와 더불어 살아가는 이웃입니다. 《논어》〈안연〉편에도 사해동포에 관한 사유가 엿보입니다. 자하는 공자의 말을 인용해 "친형제만 형제가 아니라 공경으로 자신을 닦고 예를 행한다면 모두가 형제"라고 했습니다. 즉 "인한 사람인 군자는 온 천하 사람과 형제"인 것입니다. 그런데 "세상의 모든 사람이 형제"라고 할 때는 반드시 "경건함을 잃지 않고 사람을 공경해 예의를 지켜"나가는 것이 전제되어야 합니다. 상대에 대한 공경과 예의를 잃지 않는다면 우리가 어디에 있든, 언어가 통하든 통하지 않든, 다른 사람과 관계를 맺는 데 아무

런 문제가 없을 것입니다. 이럴 때야 비로소 진정으로 세상 모든 사람이 형제라고 말할 수 있죠. "부모를 친하게 여기고서 백성을 어질게 대하며, 백성을 어질게 대하고서 사물을 아낀다"라는 것이 모두 여기에서 말미암습니다.

치양지를 통한 만물 일체

사마광은 《자치통감》에서 다음과 같이 말합니다. "재능은 품덕을 보조하고, 품덕은 재능을 통솔한다." 즉 품덕은 주도하는 역할을 하고, 재능은 품덕을 이루는 기초입니다. 품덕은 재능에 의지해 발휘되고, 재능은 품덕에 의지해 통솔됩니다. 재능과 품덕 가운데 근본이 되는 것은 품덕입니다. 그래서 "품덕이 있고 재능이 있는 것이 정품正品이고, 품덕이 있지만 재능이 없는 것이 차품次品이며, 재능만 있고 품덕이 없는 것이 독품毒品이고, 재능도 없고 품덕도 없는 것은 폐품廢品이다"라고 했죠.

그렇다면 사람을 쓸 때는 어떻게 해야 할까요. 첫 번째, 도덕적으로 완벽하면서도 재능이 넘쳐나는 사람은 얻기 쉽지 않습니다. 따라서 기업의 입장에서는 이런 사람을 발견하면 서둘러 중용해야 합니다. 두 번째, 도덕적이지만 재능이 부족한 사람은 부족한 재능을 열심히 노력해 보충하면 됩니다. 품성이 고상한 사람은 설령 능력이 다소 떨어진다 하더라도 겸손하게 배우기를 좋아하고 끊임없이 자기 자신을 향상시킬 수 있습니다. 세 번째, 재능은 뛰어나지만 도덕적으로 문제가 있는 사람을 직접 쓰는 것은 매우 위험합니다. 영혼이 없는 두뇌나 덕행이 없는 지식은 물론 그 나름대로 강력한 힘을 가지고 있지만, 부정적이고 비건설적인 작용을 합니다. 그러므로 단번에 내치기보다는 우선 일정한 시간 동안 관찰한 뒤에 최종적으로 결정하는 편이 현명하겠습니다. 그 밖에 도덕적으로 문제가 있고 재능도 뛰어나지 않은 사람은 더 말할 필요도 없겠죠.

세상의 군자가 오직 양지를 실현하는 데 힘쓰기만 한다면 저절로 시비를 공유하고 호오를 함께하며, 남을 자기와 같이 보고 나라를 한집안처럼 보아서 천지 만물을 한 몸으로 여길 수 있다. 그러면 천하가 다스려지지 않기를 바랄지라도 그럴 수 없을 것이다. −179조목

고상한 품성과 출중한 재능은 성공의 필요조건입니다. 하지만 유가의 성현들은 재능보다 품성을 중시했습니다. 공자는 《논어》 〈술이〉편에서 다음과 같이 말합니다. "주공과 같은 재능과 아름다운 자질을 가지고 있다 하더라도 사람됨이 거만하고 인색하다면 나머지는 언급할 가치도 없다." 품성과 재능을 겸비하고 품성으로 재능을 길러야 비로소 진정한 인재입니다. 덕행은 인생을 살아가는 전제조건이고, 재능은 인생을 창조하는 수단입니다. 덕행과 재

능을 겸비해야 비로소 우리의 인생이 다채로워집니다.

　혹시라도 품성과 재능을 겸비할 수 없다면 당연히 재능을 버리고 품성을 취해야 합니다. 이것이 바로 맹자가 말하는 "삶을 버리고 의를 취한다"는 뜻입니다. 그런 까닭에 세상의 군자는 오직 자기 품성을 수양하는 데 전심전력해야 합니다. 그렇게 하면 자연히 시비호오를 공정하게 판별하고, 자기를 대하듯 남을 대하며, 천지만물을 한 몸으로 여겨 천하의 태평을 도모할 수 있습니다. 이처럼 치양지는 단순히 학문하는 도리일 뿐 아니라 사람의 도리와 연결되어 있으며, 그 중점은 무엇보다 덕을 배양하는 데 있습니다.

배우고

가르치다

———————

제
10
장

爲己之學

지식보다는 사람됨이 중요하다

주희와 육구연은 동시대를 살았으며 그들의 사상 또한 상호 교류와 논쟁을 거치며 구체적인 모습을 이루어갔습니다. 남송 효종 순희 2년인 1175년, 육구연과 주희는 여조겸의 소개로 아호사鵝湖寺에서 만나 논변했는데, 이는 둘 사이에 벌어진 학술 논쟁의 서막을 열었습니다. 이 논쟁의 주요 내용은 《중용》의 이른바 '도문학道問學, 존덕성尊德性'을 둘러싼 공부 방법론입니다.

주희와 육구연 간의 논쟁은 송명이학의 전개 과정에서 가장 중요한 논쟁임과 동시에 주희의 학술 생애 가운데 가장 격렬했던 이슈입니다. 두 사람이 살아 있을 때는 다만 두 유가 학자 사이에 벌어진 학술적 차이에 관한 논쟁이었는데, 그들이 죽은 뒤에 야기된 것은 양대 학술 유파 사이의 분쟁이라 할 수 있습니다. 심지어 한 시대의 학술사조에서 일어난 일대 전환이라는 평가를 받습니다.

주희와 육구연은 송명이학을 각자 다른 차원에서 체계화했습니다. 특히 존덕성과 도문학은 공부 방법론에서 둘의 사상을 구분할 때 제시되는 주된 개념으로 사용되어 후대에까지 영향을 미쳤습니다. 주희는 친구에게 보낸 편지에서 "육구연은 오로지 존덕성만 말하나, 나는 이와 달리 평소 도문학을 많이 논했다"라고 자평합니다. 주희에 따르면 육구연의 폐단은 독서에 힘쓰지 않고 근거나 출처가 확실치 않은 저술을 통해 학문상의 결함을 덮으려 하는 것입니다. 주희 또한 비록 결함이 있지만 철저한 자기반성을 통해 단점은 제거하고 장점을 키워서 모순을 해결하려 시도했습니다. 그러나 육구연은 주희의 노력을 절대로 받아들일 수 없다는 태도를 취하며, 다음과 같이 강력하게 반문합니다. "존덕성을 모르는데 어떻게 도문학할 수 있단 말인가?" 육구연의 입장에서는 덕성을 높이는 존덕성 공부가 첫 번째이고, 외부의 지식을 추구하는 도문학 공부는 그다음으로, 이 순서는 절대 바뀔 수 없었죠.

양자의 관점은 사실상 근본적인 세계관 차이에서 비롯되었으므로 어느 한쪽으로 의견을 합치하기란 애초부터 불가능했습니다. 이런 이유로 끝내 논쟁의 결말을 볼 수 없었습니다. 하지만 인생의 수양 과정에서 보자면 존덕성이 영원히 첫 번째일 수 없고, 도문학 또한 영원히 두 번째일 수 없습니다. 둘은 서로 교차하고 이어져야 하는 것입니다. 육구연이 염려하는 점은 분명했습니다. 단순히 도문학만 강조한다면 일생 동안 부지런히 공부한다 해도 사람됨의 도리를 망각할 수 있는 끔찍한 결과를 낳을 수 있었죠.

반면에 주희가 걱정하는 것은 달랐습니다. 만약 존덕성만 강조한다면 온종일 도리를 말한다 해도 말만 번지르르할 뿐 지식의 객관적인 면을 전혀 고려하지 않는 결과를 초래할 수 있다는 것입니다. 이처럼 주희는 지식을 통한 덕성 완성을 주장하고, 육구연은 덕성이 지식 탐구를 이끌 것을 주장합니다. 이로 말미암아 송명유학은 결국 이학理學과 심학心學이라는 학문으로 갈라집니다.

도문학과 존덕성에 관한 양명의 입장은 다분히 육구연 쪽에 편향되어 있습니다. 양명은 도문학과 존덕성을 둘로 나누어 보는 주자의 관점에 불만을 나타내며 다음과 같이 지적합니다. "학문에 종사하는 것은 곧 덕성을 높이는 방법이다. 주자는 '육구연이 덕성을 높이는 것으로 사람들을 가르치니, 내가 사람들을 가르칠 때 어찌 학문에 종사하는 것이 다소 많지 않겠는가'라고 했는데, 이것은 덕성을 높이는 것과 학문에 종사하는 것을 두 가지로 나누어 보는 관점이다. 어찌 덕성을 높이는 것이 다만 헛되이 높이기만 하고 다시 학문하지 않는 것이겠는가? 어찌 학문하는 것이 다만 헛되이 학문만 하고 다시 덕성과 아무런 관계가 없는 것이겠는가?"

이른바 '덕성을 높이고 학문에 종사한다'는 한 구절은 지극히 마땅해 하나로 귀일하기 때문에 의심할 만한 것이 없다. ─193 조목

양명의 기본 입장은 도문학을 존덕성의 공부로 이해하는 것입니다. 묻고 배우는 것은 결코 덕성과 아무런 관계가 없는 게 아닙니다. 반드시 마음을 보존해 덕성을 잃지 않는다는 전제가 깔려 있죠. 이런 의미에서 보면 양명이 도문학보다는 존덕성을 중시했음을 알 수 있습니다. 이런 존덕성 중시 경향은 일찍이 공자에게서 찾아볼 수 있습니다. 공자는 본격적으로 글을 배우기 전 학생들에게 먼저 인간이 되어야 한다고 강조했죠. "학생들은 들어가서는 효도하고 나와서는 공손하며, 행실을 삼가고 말을 성실하게 하며, 널리 사람들을 사랑하되 어진 이를 친히 해야 한다. 이것을 행하고 남은 힘이 있으면 글을 배워야 한다." 효도와 공경, 예의 바른 언행, 사람과 관계 맺는 법 등은 일상적으로 실천해야 할 인간의 참된 모습입니다. 공자는 현실에서 지켜야 할 인간의 도리를 익히고 몸소 실천한 뒤에 책 속에 담긴 인간과 삶의 이치를 깨달아야 함을 강조합니다. 글을 배우고 책을 읽는 지식 추구 활동은 인간으로서 갖추어야 할 기본 소양이 전제된 이후에 의미가 있다고 생각했기 때문입니다.

근본이 있는 학문

주자는 〈책을 읽는 감흥觀書有感〉에서 "묻노니 연못의 물이 어찌해 이토록 맑을 수가 있는가. 근원에서 끊임없이 물이 흘러나오기 때문이네"라고 했습니다. 이 시에서 주자는 독서의 즐거움과 학문의 근원을 맑은 샘에서 흘러나오는 물에 비유합니다. 주자에게는 삶 자체가 창작의 근원입니다. 하지만 이런 경지는 그냥 얻어지지 않습니다. 정신을 집중해 사물을 관찰해야 비로소 발견할 수 있죠. 끊임없이 근원을 추구하며 삶을 살아가는 세심한 사람이라야 비로소 도달할 수 있는 경지인 겁니다. 양명 또한 주자와 같은 깨달음을 이야기합니다.

> 수백 묘 넓이의 근원이 없는 당수塘水가 되기보다는 몇 척의 근원이 있는 우물물이 되는 것이 낫다. 생의生意가 무궁하기 때문이다. −68조목

몇 척의 근원이 있는 물이라면 비록 우물물일지라도 근원이 없는 저수지에 고여 흐르지 않는 물보다는 풍족합니다. 저수지 물은 고여 있는 까닭에 비가 오거나 외부에서 물을 공급하지 않으면 말라버리든가 아니면 변질되어 곰팡이가 피거나 악취를 풍깁니다. 이에 반해 근원이 있는 우물은 저수지에 비해 하찮아 보일지라도 끊임없이 물이 솟아나오며 아무리 써도 없어지지 않습니다.

우리의 학문도 이와 같아야 합니다. 배움이라는 것은 어느 한 순간 완성되어 그만둘 수 있는 것이 아닙니다. 평생 끊임없이 추구해야 할 목표입니다. 어느 누구라도 배움의 과정을 앞당겨서 졸업하거나 조기 은퇴할 수는 없습니다. 이 세상을 살아가는 동안에

배움이라는 것은 어느 한순간 완성되어 그만둘 수 있는 것이 아니다.
평생 끊임없이 추구해야 할 목표다.

는 반드시 때에 따라, 주어진 상황에 따라 끊임없이 배워나가야 합니다. 끊임없이 배움의 끈을 놓지 않았던 것이야말로 양명이 위대한 업적을 이룰 수 있었던 요인 가운데 하나입니다.

양명은 조정에서 높은 관직을 하고 있을 때나 멀리 떨어진 시골에 있을 때나, 심지어 유배지에서 언제 죽을지 모르는 상황에 놓여 있을 때를 막론하고, 언제 어디서나 끊임없이 배워나가는 삶을 유지했습니다. 배움의 길이란 속성으로 하루아침에 마칠 수 있는 게 아닙니다. 건너뛰거나 포기하지 않고 차근차근 단계를 거치면서 기초를 닦아나갈 때 비로소 도달할 수 있는 경지입니다.

뿌리 깊은 나무는 바람에 흔들리지 않고, 샘이 깊은 물은 가뭄에도 마르지 않습니다. 근원이 깊은 물만이 바다까지 이를 수 있습니다. 그만큼 근본이 중요합니다. 근본이 있는 물은 바다에 이르기까지 결코 무리하지 않습니다. 가다가 웅덩이를 만나면 그 웅덩이를 채우고 흘러갑니다. 급하다고 웅덩이를 다 채우지 않고 흘러갈 수는 없는 노릇이죠. 학문의 과정은 하루도 빠짐없이 이루어져야 하고, 지식은 나날이 새로워져야 합니다.

잘못을 자신에게서 찾는다

양명은 18세 되는 해에 강서에서 결혼한 뒤 부인 제씨와 집으로 돌아오다가 오여필의 문인인 누량 선생을 방문했습니다. 누량 선생은 가르침을 청하는 양명을 반갑게 맞이하며 "성인의 경지는 배움을 통해 이를 수 있다"라고 했죠. 그의 말은 성인이 되고자 하는 양명의 뜻을 더욱 굳혔습니다.

예부터 세상에는 성인과 귀인貴人의 도움에 힘입어 곤란을 극복한 사례가 적지 않습니다. 성인의 가르침이 때로는 적지 않은 도움을 주는 것 또한 사실입니다. 그러나 아무리 가르침이 훌륭하다 하더라도 그 의미가 언제나 자신에게 분명하게 다가오는 것은 아닙니다. 때로는 가르침에 근거해 스스로 깊이 생각해봐야 비로소 문제가 해결되는 경우가 많습니다. 스포츠를 예로 들어볼까요. 어떤 분야를 막론하고 처음 선수 생활을 시작해 기초를 닦을 때는 경험 많은 지도자의 도움이 절대적으로 필요합니다. 하지만 무조건 지도자의 도움에만 의지한다면 더 이상의 발전을 기대할 수 없겠죠. 기초 기술을 응용해 새로운 기술을 개발하기 위해서는, 그리고 그런 기술을 통해 한 단계 더 나은 실력을 갖추기 위해서는 무엇보다 자기 자신의 부단한 노력이 있어야 합니다. 진정한 실력은 이런 과정을 통해서 비로소 갖추어지죠.

양명은 일찍이 주자의 격물설과 양명 자신의 설이 부합하지 않는다는 제자의 질문에 다음과 같이 대답합니다.

자하는 성인을 독실하게 믿었고, 증자는 자기에게 돌이켜 구했다. 독실하게 믿는 것도 나쁘지 않지만 돌이켜 구하는 것만큼 절실하지는 않다. 마음에서 납득되지 않는다면, 어떻게 예

전에 들은 것에 얽매인 채 합당함을 구하지 않을 수 있겠는 가? —6조목

양명은 용장에서 얻은 깨달음을 통해 외부 사물의 이치를 탐구하는 주자의 격물설을 지양하고 내 마음이 곧 천리임을 자각합니다. 이런 자각 과정을 거쳐 성인의 말씀을 독실하게 믿어야 하지만, 진지하게 자기 자신을 돌이켜보는 일이 더욱 중요하다는 사실을 깨닫죠. 나아가 성인의 말씀이 내 마음과 부합하지 않는다면 비록 공자의 말씀이라 하더라도 함부로 추종해서는 안 되며, 옛것의 권위에 얽매이기보다는 현재에 적용할 수 있는 합당함을 구해야 마땅하다고 결론짓습니다.

우리 삶에 영향을 미치는 요소는 적지 않습니다. 그 가운데서도 특히 인간 관계망과 배경은 무시할 수 없는 중요한 요소입니다. 이런 현실에서 "남에게 구하기보다는 자신에게 구하라"라는 옛사람의 교훈은 설득력이 떨어지고 심지어 무력해 보이기까지 합니다. 하지만 양명이 말하듯 독실하게 믿는 것도 나쁘진 않지만 돌이켜 구하는 것만큼 절실하지는 않습니다. 진정한 성공은 부단한 자기 수양을 통해 성취되지, 타인이 우연히 자신에게 호감을 가진다고 이루어지는 것이 아닙니다. 또한 설령 하늘의 보살핌이 있다고 해도 아무런 준비도 되어 있지 않은 자에게 좋은 결과를 기대할 수는 없습니다. '자기 자신에게 돌이켜 구하는 것', 즉 외적인 권위나 배경에 의존하지 않고 자기 마음에서 얻는 깨달음을

중시하는 자세가 필요합니다.

학술의 폐단

학술계에 각종 폐단이 존재하는 것은 어느 시대나 예외가 아닙니다. 양명은 맹자와 한유를 예로 들어 당시 학술계가 당면한 폐단을 설명합니다.

먼저 맹자가 활동했던 선진시기에도 학술적인 폐단이 있었는데, 예를 들면 양주와 묵적이 그렇습니다. 양주는 "내 몸의 터럭한 가닥을 뽑아서 온 세상이 이로워진다고 해도 나는 하지 않겠다"라고 말하며 극단적인 개인주의 성향을 드러냈습니다. 남의 것을 빼앗지도 않겠지만 결코 남을 위해 희생하지도 않겠다는 말이었죠. 맹자는 양주의 사상을 따르면 결국 임금을 부정하게 된다고 비판합니다.

한편 묵자는 나와 남의 구별 없이 똑같이 사랑하고 이익을 함께 나누자고 했습니다. 맹자는 이에 대해 묵자의 무차별적 사랑은 자기 아버지를 남의 아버지와 똑같이 사랑하라는 주문이기 때문에 결국 자기 아버지를 부정하는 형국이라고 비판합니다.

맹자는 양주가 의로움을 행했지만 정도가 지나쳤으며, 묵자 또한 어짊을 행했지만 정도가 지나쳤다고 보았습니다. 또 이들을 오랑캐와 금수에 비유해 두 학설이 장차 학술로 천하 사람들을 죽일 것이라고 평가했죠.

지금 학술의 폐단이 어짊을 배웠으나 지나친 것이라고 하겠습니까? 의로움을 배웠으나 지나친 것이라고 하겠습니까? 아니면 어질지 않고 의롭지 않음을 배워서 지나친 것이라고 하겠습니까? 저는 그것이 홍수나 맹수와 비교해서 어떤지 알지 못하겠습니다. ─176조목

16세기 초 양명이 직면한 당시의 학술적 폐단은 더했으면 더했지 결코 덜하지 않았습니다. 양명은 말합니다. "양주와 묵적의 도가 천하에 가득 찼기 때문에 맹자 당시에는 천하 사람들이 양주와 묵적을 존중해 믿는 것이 오늘날 주자의 학설을 믿는 것보다 덜하지 않았다." 양명의 입장에서 볼 때, 당시 관방철학으로서 학문의 제 기능을 다하지 못하고 있던 주자학은 홍수나 맹수와 같이 천하에 해를 끼치는 것이었습니다. 하지만 양명이 배척하고자 했던 대상은 주자학 자체라기보다는 당시 학자들이 훈고에 빠져 모두 입으로만 주자를 중시하던 말학의 병통이었습니다.

양명은 주자 말학의 혼란 속에서 세상 사람들을 구해내려는 자신을, 양주와 묵적의 폐해를 없애려 노력한 맹자, 불교와 도교의 폐해를 없애려던 한유에 비유합니다. 그리고 이렇게 말하죠. "오호라! 나와 같은 자는 더욱 자신의 역량을 헤아리지 못하니, 참으로 자신의 몸이 위태로운 줄 알면서도 구제할 길이 없어서 죽게

될 것이다. 모든 사람이 시시덕대는 가운데 나 홀로 눈물 흘리며 탄식하고, 온 세상이 태연하게 잘못된 길로 달려갈 때 나 홀로 머리 아파하고 이맛살을 찡그리며 근심한다."

그렇다면 양명이 당시 유행했던 주자학에 대해 심각한 위기의식을 드러내고 있는 이유는 무엇일까요? 양명이 보기에 주자학, 특히 당시 주자 후학은 훈고학訓詁學과 기송학記誦學, 사장학詞章學에 심취해 있었습니다. 훈고학을 숭상해 전수하는 것을 명예롭게 여기고, 기송학을 숭상해 말로 늘어놓는 것을 박학하다고 여기며, 사장학을 숭상해 화려하게 꾸미는 것을 아름답다고 여겼습니다. 그 결과 세상의 학자들은 마치 서커스장에 들어간 것처럼 시끄럽게 떠들면서 기이함을 뽐내고 교묘함을 다투었습니다. 웃음을 선사하고 아름다운 용모를 겨루는 자들이 사방에서 앞다투어 나왔습니다. 앞을 바라보고 뒤를 돌아보느라 응접할 겨를도 없이 귀와 눈이 어지럽고 정신이 황홀해 밤낮으로 그 안에서 놀며 머물러 쉬는데, 마치 미친 사람처럼 성인의 학문으로 돌아갈 줄 모르는 심각한 결과를 초래하고 말았습니다.

학문하는 기본 원칙을 잊어버린다면 어떻게 될까요. "널리 기억하고 암송하는 것은 오만함을 기르는 데 적합하고, 많은 지식은 악을 행하는 데 적합하며, 넓은 견문은 마음대로 논변하는 데 적합하고, 풍부한 사장은 거짓을 꾸미는 데 적합할" 뿐입니다. 그러므로 근본적으로 이런 폐단을 바로잡고자 한다면 지식 추구를 포함한 어떤 행위라도 양지의 통솔을 받아야 합니다. 내 마음의 양지를 따라야 비로소 우리의 행위가 올바른 방향에서 벗어나지 않을 수 있는 것이죠.

질문이 곧 배움의 시작이다

도를 정밀하게 이해하기 위해서는 끝없이 묻고 철저하게 해명하려는 태도가 요구됩니다. 그래서 《중용》에서는 널리 배우고博學, 심도 있게 질문하며審問, 신중하게 사고하고愼思, 명확하게 변별하고明辨, 충실하게 실천하는篤行, 즉 지식과 실천을 병행하는 공부를 제시합니다. 이와 같은 방법으로 착실하게 공부해나간다면 도를 탐구할수록 더욱 깊어진다는 사실을 알게 되죠.

《전습록》은 대부분 제자를 비롯한 다른 사람이 질문하고 양명이 거기에 대답하는 형식으로 되어 있습니다. 그런데 양명은 최근 들어 제자들의 질문이 뜸한 것을 지적하며 스스로 가르침을 펼칩니다.

> 그대들은 요즘 질문이 적은데, 무엇 때문인가? 사람이 공부를 하지 않는다면 그 스스로 이미 학문하는 방법을 알고 있고, 그 것을 따라 행하기만 하면 된다고 생각할 것이다. —64조목

이 대목을 보면 가르침에 게으르지 않은 양명의 모습이 생동감

있게 묘사되고 있음을 알 수 있습니다. 마치 《논어》〈술이〉편에서 공자가 "묵묵히 기억하며 배움을 싫어하지 않고, 다른 사람을 가르치는 데 게으르지 아니하니, 그 밖에 또 무엇이 나에게 있단 말인가" 하고 고백하는 장면을 떠올리게 합니다.

양명은 제자들에게 요즘 무엇 때문에 질문조차 하지 않는지 반문한 뒤 제자들이 미처 대답하기도 전에 훈계를 시작합니다. 널리 배우면 의문이 없을 수 없으며, 의문이 생기면 자연히 묻지 않을 수 없습니다. 양명이 보기에 제자들의 질문이 줄어든 원인은 널리 배우려는 의지 없이 그저 현재 알고 있는 데 만족해서입니다. 다시 말해, 오랫동안 익숙해진 습관에 따라 행동하는 데 그치기 때문입니다.

사람은 타성에 젖어 낡은 습관에 길들기 쉬우며, 그러다 보면 사욕에 휩싸일 염려가 있습니다. 사욕은 마치 땅 위의 먼지와 같아 하루라도 쓸어내지 않으면 그만큼 두껍게 쌓입니다. 오랜 시간 먼지를 쓸어내지 않으면 결국에는 빗자루 들기조차 귀찮아지죠. 그러므로 마당에 먼지가 쌓이기 전에 빗자루를 움직여 먼지를 쓸어내듯 내 마음에 사욕이 쌓이기 전에 털어내야 합니다.

진정한 앎이란 아는 것을 안다고 하고, 모르는 것을 모른다고 하는 것입니다. 학문이란 무지의 발견입니다. 끊임없는 질문과 대답을 통해 현재 내가 무엇을 모르고 무엇을 아는지 살피며, 모르는 것을 알기 위해 부단히 노력하는 과정입니다. 자기 자신이 무엇이 부족하고 무엇이 결핍되어 있는지 자각하면 자연히 삶에 대한 고민과 갈망이 생겨납니다. 이것이 바로 공부의 원동력이라 하겠습니다.

자신을 위해 배운다

어느 날 소혜라는 제자가 극기에 관해 양명에게 물었습니다. "자신의 사사로움을 이기기 어려운데 어떻게 해야 합니까?" 양명은 이에 대해 직접적인 해답을 제시하는 대신 약간은 선문답 같은 대답을 내놓습니다. "너 자신의 사사로움을 가져와봐라. 내가 너를 대신해 그것을 이겨주겠다."

이 대답은 송나라 때의 고승이었던 도원이 역대 부처와 조사들의 어록과 행적을 모아 지은 《경덕전등록景德傳燈錄》에 적힌 내용과 유사합니다. "어떤 승려가 일조 달마에게 와서 참배하고 말했다. '제 마음이 아직 편안하지 못합니다. 선사께서 제 마음을 편안하게 해주십시오.' 선사께서 말했다. '네 마음을 가지고 와라. 너를 편안하게 해주겠다.'"

양명이 사욕을 가져와보라고 말하자 소혜는 자연히 마음속에서 사욕을 찾으려 시도했을 것입니다. 그러다 어떤 방법을 쓰더라도 자신의 사욕을 선생에게 가져다줄 수 없다는 사실과 더불어 그 사욕을 극복할 방법이 자신의 마음에 달려 있음을 의식했겠죠. 양명이 대수롭지 않게 던진 한마디로 인해 소혜의 마음은 걷잡을 수 없는 혼란에 빠졌으며, 비로소 마음이 병든 원인을 찾기 시작했습니다. 소혜의 마음을 간파한 양명은 마치 불에 기름을 붓듯이 말을 이어나갑니다. "진실로 자기를 위하는 마음이 있어야 비로소 사욕을 이길 수 있으며, 자기를 이길 수 있어야 자기를 성취할 수 있다." 그러자 소혜가 말했습니다. "저에게도 자기를 위하는 마음이 적지 않습니다." 이번에도 양명은 소혜에게 자기를 위하는 마음이 과연 무엇인지 구체적으로 말해보라고 합니다. 이런 산파식 대화를 통해 양명은 소혜를 점차 자아성찰의 깊은 바다로 인도하죠. 한참을 깊은 생각에 잠겨 있던 소혜가 말했습니다. "저는 스스로 자신을 위하는 마음이 자못 있다고 생각했지만 단지 형체적인 자기를 위했을 뿐 참된 자기를 위하지 않았음을 알게 되었습니다." 소혜의 말을 들은 양명은 이제 쐐기를 박습니다. 소혜 너는 형체적인 자기조차 위한 적이 없다고.

자기를 위하는 마음이 있어야 자기를 이길 수 있다. −122조목

그렇다면 참된 자기와 형체적 자기는 무엇을 의미하며, 둘은 과연 어떤 관계가 있을까요? 양명이 말하는 형체적 자기는 이목구비와 사지를 가리키고, 참된 자기는 이목구비와 사지가 보고 듣고 말하고 행동할 수 있게 하는 내 마음, 천리로서의 양지를 가리킵니다. 만약 진정으로 형체적 자기를 위한다면 이목구비와 사지가 아름다운 색깔, 아름다운 소리, 좋은 맛, 안일함 등에 빠지지

않게 하고, 반드시 귀가 어떻게 듣고 눈이 어떻게 보며 입이 어떻게 말하고 사지가 어떻게 움직이는지 헤아려야 합니다. 예가 아니라면 보지도 듣지도 말하지도 움직이지도 않아야 비로소 이목구비와 사지가 바르게 작용합니다. 이런 정도라야 형체적 자기를 위한다고 말할 수 있을 것입니다.

하지만 이목구비와 사지가 보고 듣고 말하고 움직이는 일은 또한 내 마음을 떠나서는 불가능하죠. 보고 듣고 말하고 움직이는 것을 주재하는 주체가 모두 내 마음인 까닭입니다. 다시 말해 내 마음이 보고자 하는 것이 눈을 통해 실현되고, 내 마음이 듣고자 하는 것이 귀를 통해 실현되며, 내 마음이 말하고자 하는 것이 입을 통해 실현되고, 내 마음이 움직이고자 하는 것이 사지를 통해 실현됩니다. 내 마음이 없다면 이목구비와 사지가 있을 수 없습니다. 그러므로 진정으로 형체적인 자기를 위한다면 반드시 참된 자기를 운용해야 하며, 항상 참된 자기의 본체를 보존하고 지켜야 합니다. 보이지 않는 곳에서 행동을 조심하고 들리지 않는 곳에서 말을 삼가야 함은 물론이죠. 만약 조금이라도 예가 아닌 것이 발동한다면, 마치 침에 찔린 사람이 즉시 침을 뽑아내듯 물리쳐야 합니다.

사욕을 극복하기 위해서는 가장 먼저 참된 자기가 무엇인지 알고 그것을 진정으로 위할 수 있어야 합니다. 이것이 공자가 말한 '위기지학爲己之學'입니다. "옛날의 학자는 자신을 위해 학문했지만, 오늘날의 학자는 남에게 알리기 위해 학문을 한다." 공자는 학문을 자기만족을 위한 공부와 남에게 보여주기 위한, 즉 남에게 평가받기 위한 공부로 나누어 설명했죠. 그러면서 진정한 기쁨과 즐거움은 위기지학을 통해서만 얻을 수 있다고 강조합니다.

우리는 결코 남의 기대를 충족하기 위해, 남의 기대에 부응하기 위해 사는 게 아닙니다. 남의 인정을 바라고 남의 평가에만 신경 쓴다면 남의 기대에 따라 살게 됩니다. 진정한 자신은 버리고 남의 인생을 사는 셈이죠. 어떤 목표 자체가 남의 기대를 충족하기 위해 설정한 것이라면 그 일은 이미 도구화되어 즐거움보다는 스트레스와 피로감을 더 많이 가져다줄 겁니다. 늘 타인의 시선에 신경을 곤두세우고 다른 사람의 평가에 전전긍긍하느라 '나'라는 존재를 억누르는 까닭입니다. 내가 나를 위해 내 인생을 살지 않으면, 대체 누가 나를 위해 살아준단 말인가요?

이름과 실질이 들어맞는가

양명의 제자 맹원은 스스로 언제나 옳다고 생각하고 명성을 탐했습니다. 양명은 이를 바로잡으려고 몇 차례 주의를 주며 질책했지만 맹원의 태도는 쉽게 고쳐지지 않았습니다. 그러자 양명이 든 비유가 바로 좁은 땅에 자라고 있는 쓸모없는 나무와 곡물입니다.

곡물을 심어 잘 키우기 위해서는 좁은 땅에서 자라고 있는 쓸모없는 나무를 뿌리째 뽑아버려야 합니다. 그래야 곡물이 비나 이

슬의 자양분과 기름진 토양의 힘을 받아 잘 성장할 수 있죠. 쓸모 없는 나무를 그냥 두고 곡물을 심으면 나무의 잎과 뿌리가 곡물의 성장을 방해합니다. 아무리 밭을 갈고 김을 매고 북돋아주고 좋은 비료를 주는 수고를 해도 나무의 뿌리만 무성하게 키울 뿐입니다. 좋은 곡물을 재배하기 위해서는 반드시 먼저 쓸모없는 나무를 뿌리째 베어 잔뿌리조차 남겨두지 않아야 합니다. 학문을 할 때도 먼저 내 마음에 있는 교만이나 병폐를 뿌리째 뽑아내야 합니다.

　학문할 때의 큰 병폐는 명성을 좋아하는 데 있다. −105조목

　양명은 종종 명성을 좋아하는 병폐를 여색과 재물을 좋아하는 마음과 더불어 사욕私欲이라 규정짓습니다. 일찍이 성철 스님 또한 평소 세 가지 병을 조심하라고 충고했는데, 재물병, 여색병, 이름 병이 바로 그것입니다. 그중에서도 사람을 가장 쉽게 망가뜨리는 것이 바로 명성을 좋아하는 이름병이라고 했습니다.

　누구나 학문이나 재물, 권력 등 각자의 방면에서 성공을 이루면 '명성을 좋아하는' 병폐에 빠질 가능성이 있습니다. 이를 막기 위해서는 매 순간 실질에 힘쓰는 데 더욱 매진해야 합니다. 양명은 말합니다. "명성은 실질과 대립한다. 실질에 힘쓰는 마음이 한 푼 무거워지면 명성에 힘쓰는 마음이 한 푼 가벼워진다. 전부가 실질에 힘쓰는 마음이면 곧 명성에 힘쓰는 마음은 모두 없어진다. 마치 굶주린 사람이 먹을 것을 구하고 목마른 사람이 마실 것을

구하듯이 실질에 힘쓴다면 어찌 다시 명성을 좋아할 틈이 있겠는가?"

명성을 좋아하는 사람은 칭찬을 들으면 기뻐하고 비난을 들으면 번민합니다. 칭찬과 비난은 외적 요소입니다. 칭찬과 비난에 휩쓸려 기뻐하고 번민하는 것은 외면에 힘써서 남에게 잘 보이고 싶기 때문입니다. 이런 외적 요소에 좌우된다면 학문 수양에 전혀 도움이 안 되겠죠. 남에게 보여주기 위한 공부를 하거나 공부를 통해 대가를 얻으려 한다면 진정한 공부의 즐거움을 느낄 수 없습니다. 그런 공부는 이미 도구화되고 수단화된 까닭입니다. 남에게 평가받기 위한 공부, 즉 위인지학爲人之學은 스트레스와 피곤함을 더해줄 뿐입니다. 진정한 기쁨과 즐거움은 자신의 수양을 위한 공부, 즉 위기지학을 통해서만 가능합니다.

무엇을 위해 학문해야 할까요? 명실상부名實相符라는 말이 있습니다. 말 그대로 이름과 실질이 서로 들어맞는다는 뜻입니다. 하지만 현실에서 그런 사람을 찾기는 쉽지 않습니다. 그만큼 이름과 실질이 맞아떨어지기가 어렵다는 반증이죠. 사마천은 명성이 실질을 앞지르는 사람을 두고 명성과실名聲過實이라 했습니다. 이름값을 못하는 사람이라는 뜻입니다. 명성이란 흔히 실질보다 부풀려지기 쉽기 때문에 명성만으로 사람을 쉽게 판단하지 말라는 경고이기도 합니다. 우리 주위를 둘러봐도 명성이 실질을 앞서는 사람이 적지 않습니다. 하지만 화려한 명성이 곧 그 사람의 실질을 증명하는 것은 아닙니다. 지금 자신이 하는 일이 옳다면 그에 따른

명예나 이익은 염두에 두지 않아도 됩니다. 실질에 충실하면 명성은 저절로 따라오게 마련입니다.

공자는 이상적인 정치 형태에 대해 언급하면서 '…다운' 정치를 강조했습니다. 임금이 임금답고, 신하가 신하답고, 아버지가 아버지다우며, 자식이 자식답기만 하다면 정치는 마치 손바닥을 뒤집는 일처럼 어려울 게 없다고 했으니, 이것이 바로 이름과 실질이 부합해야 한다는 의미입니다. 지도자가 자신의 이름에 맞는 행위를 해야 국민이 믿고 따르며, 국민의 신뢰가 뒤따라야 무슨 일을 하든 제대로 이루어집니다. 이와 반대로 지도자가 이름에 걸맞지 않게 행동할 때는 누구도 그를 믿고 따를 수 없습니다. 이것이 어찌 지도자에게만 해당하는 이야기일까요. 사회 구성원 모두 각자 처한 상황이나 위치에서 자신에게 요구되는 실질적인 행위를 하는 것이 이른바 정의사회가 구현되는 지름길은 아닐까 생각해봅니다.

학문은 순차적으로 나아가야 한다

《맹자》〈진심〉편에서는 "흐르는 물은 웅덩이가 차지 않으면 흘러가지 않는다"라고 하여, 학문이 점진적으로 이루어짐을 언급했습니다. 또《맹자》〈이루〉편에서는 "샘이 용솟음쳐 흘러서 밤낮을 그치지 않고, 웅덩이를 가득 채운 뒤에 나아가서 사해에 이른다"

라고 했습니다. 사해에 가득 찬 물은 처음부터 사해를 가득 메웠던 것이 아닙니다. 샘에서 솟아나 아래로 흘러가다가 웅덩이를 만나면 먼저 웅덩이를 가득 채우고, 다시 앞으로 나아가 마침내 사해에 이르렀죠. 현실적으로 적지 않은 사람이 순차적으로 목표를 이루려 들기보다는 하루아침에 일확천금을 꿈꿉니다. 이런 병폐를 극복하고 해결할 방법은 근본에 힘쓰는 것입니다. 모든 과정을 속성으로 이루려 하지 말고 반드시 근본에서부터 차근차근 점차적으로 단계를 밟아나가는 것이 중요합니다. 학문이란 하루아침에 갑자기 진보할 수 있는 게 아니기 때문입니다.

학문하는 데는 반드시 근본이 있어야 하니, 근본에서부터 힘을 기울여 점차 웅덩이를 채우면서 나아가야 한다. —30조목

양명은 또한 학문하는 것을 나무 심는 과정에 비유합니다. 뜻을 세워 공부에 힘쓰는 것은 마치 나무를 심는 것과 같습니다. 처음 어린 싹이 돋아날 때는 아직 줄기가 없습니다. 줄기가 뻗어 나올 때는 아직 가지가 없습니다. 가지가 생긴 다음에야 잎이 생기고, 잎이 생기고 난 뒤에 비로소 꽃을 피우고 열매를 맺죠. 그러므로 처음 씨가 싹틀 때는 북돋아주고 물을 주기만 할 뿐, 가지나 잎, 꽃이나 열매를 기대해서는 안 됩니다. 근본에 힘쓰지 않고 헛된 공상에 빠진다면 학문에 무슨 보탬이 될까요.
학문은 반드시 간단하고 쉬운 데서 시작해 순차적으로 진행해

나가야 합니다. 이런 이치는 학문에만 국한되지 않습니다. 어린 아이가 첫걸음을 떼거나 새해에 다이어트를 결심하는 경우도 마찬가지입니다. 빨리 달리고 싶다고 해서 걸음도 못 뗀 아이가 어느 날 갑자기 달릴 수 있는 것도 아니고, 처음부터 무리해서 다이어트를 진행한다고 해서 하루아침에 효과를 볼 수 있는 것도 아닙니다. 자신이 할 수 있는 범위에서 점차적으로 진행해나가는 것이 중요하지, 단번에 급격히 이루어지기를 바라는 마음에서 단계를 건너뛰어서는 안 됩니다.

《맹자》〈공손추〉에서는 뿌리를 북돋아주어야 할 때 가지나 잎이 생기고 꽃이 피고 열매 맺기를 생각하는 조급함의 실례로 알묘조장揠苗助長이라는 고사를 언급합니다. 중국 송나라 때 어떤 농부가 모내기를 하고 난 뒤 벼가 빨리 자라기를 바랐습니다. 농부는 어떻게 하면 벼가 빨리 자랄까 궁리한 끝에 모를 하나하나 잡아당겨주기로 했습니다. 하루 종일 모를 잡아당겨놓고 몹시 기분이 좋아진 농부가 집으로 돌아갔습니다. 집에 도착한 농부는 식구들에게 오늘 벼가 자라는 것을 도와주었더니 매우 피곤하다고 했습니다. 이 말을 들은 식구들은 기겁했습니다. 이튿날 아들이 걱정되어 논에 가보니 벼는 모두 말라 죽어 있었습니다.

흔히 '인생은 속도가 아니라 방향'이라고 합니다. 빨리 가는 것보다 정확한 방향을 정해서 가는 것이 더 중요합니다. 그러나 대개는 항상 속도를 추구하다 방향과 목표를 잃기 십상입니다. '느림이 빠름'이라는 사실을 망각한 채 조급하게 성공하려는 것은 마

치 굶주린 사람이 음식을 보자마자 씹지도 않고 통째로 삼켜 소화
불량을 일으키는 것과 마찬가지입니다. 무슨 일이든 서두르지 말
고 차근차근 밟아나가야지, 첫술에 배부를 수는 없는 노릇입니다.
정도를 벗어나 지름길로 내달려 하룻밤 사이에 벼락부자가 되기
를 바란다면, 그 어리석음이 알묘조장하는 농부와 무엇이 다르겠
습니까.

묻고 또 물어라

어떤 이론 체계든 처음부터 완벽할 수는 없습니다. 지속적인 질문
과 비판을 통해 차츰 정밀해질 뿐입니다. 배우는 과정에는 의심이
없을 수 없습니다. 의심이 있으면 묻게 되고, 묻고 답하는 과정을
통해 학설이 더욱 정밀해집니다. 배움과 의심은 학문하는 과정에
서 꼭 필요한 요소입니다. 스승과 제자는 이 과정에서 적극적으로
상호작용하고 서로를 촉진합니다. 한 가지 문제가 풀렸다 싶으면
새로운 문제가 또 나타나니, 이와 같이 끊임없이 파고드는 과정을
거쳐 안목은 더욱 예리해지고 경험은 더욱 풍부해집니다.

　맹자는 일찍이 말했습니다. "글을 다 믿는다면 글이 없는 것만
같지 못하다." 아무리 좋은 글이라도 틀린 부분이 없을 수 없습니
다. 책이란 일정 정도 글쓴이의 지식과 경험을 반영합니다. 그게
모두 옳다고 볼 수는 없으므로, 비판적인 시각에서 내용을 파악해

야 합니다.

이 도는 본래 다하지 않아서 질문과 비판이 많을수록 정미함이 더욱 드러나게 된다. 성인의 말씀은 본래 모든 것을 두루 포괄하고 있다. 그러나 어떤 사람이 가슴속에 꽉 막힌 것이 있어서 질문하고 비판하면, 성인은 그 비판을 받고 더욱 정신을 잘 발휘할 수 있게 된다. −341조목

훌륭한 성인의 말씀이라 해서 무조건적으로 맹종하거나 맹신해서는 안 됩니다. 질문하고 비판하는 정신이 없다면 개인적으로는 진보를 기대하기 어렵고 사회 또한 발전해나가기 어렵습니다. 대담하게 질문하고 증거를 찾는 선각적인 인사들 덕분에 역사의 수레바퀴는 끊임없이 전진해왔습니다.

프랑스의 작가 발자크는 모든 과학을 여는 열쇠는 두말할 것 없이 물음표라고 했고, 아인슈타인은 문제를 제기하는 것이 문제를 해결하는 것보다 더욱 중요하다고 말했습니다. 끊임없이 문제를 제기하고, 부지런히 사고하는 정신이 우리를 새로운 차원으로 이끌 수 있습니다. 질문을 통해 탐색하고 추구하는 행위는 종종 참된 지식으로 안내하는 인도자 역할을 합니다.

배움과 생각함

인생은 끊임없이 배워나가는 과정입니다. 배움에서 절대적으로 필요한 것이 스승의 지도와 교화입니다. 그러나 이보다 더 중요한 것이 있습니다. 바로 자기 스스로 노력해 깨우치는 것입니다. 스승은 학생을 이끄는 역할을 하지, 공부를 대신해주는 사람이 아닙니다. 체험을 통한 자각은 오로지 배우는 사람 각자의 몫입니다.

일반적으로 학문의 단계는 세 가지로 나눌 수 있습니다. 첫 번째는 가르치는 단계입니다. 주로 어떤 분야에 대한 기초지식을 익히는 단계죠. 이때는 마치 어린아이가 걷는 법을 배우는 것과 같아서, 선생님이 옆에서 아이가 넘어지지 않도록 부축하고 끌어주며, 어떤 때는 잡고 있던 손을 놓아 스스로 걷도록 유도합니다. 두 번째는 선생님이 학생의 학습을 돕는 단계입니다. 첫 번째 단계처럼 선생님이 일일이 가르치는 게 아니라 가야 할 길을 가리켜 알려줄 뿐이며, 직접 길을 가는 사람은 학생 자신입니다. 세 번째는 스스로 배우는 단계입니다. 이 단계에서 선생님은 중요한 부분만 일깨워줄 뿐, 나머지 부분은 모두 학생 스스로 배우고 스스로 깨우쳐야 합니다. 이 단계에 이르러야 비로소 진정으로 학문한다고 말할 수 있죠.

《논어》〈위정〉편에서는 가르침과 깨달음, 즉 배움과 생각함의 관계를 다음과 같이 언급합니다. "배우기만 하고 생각하지 않으면 사리에 어둡고, 생각만 하고 배우지 않으면 위태롭다." 이 글을 통해 알 수 있는 것이 있습니다. 공자는 배우는 것과 생각하는 것을 모두 중시했다는 사실이죠. 남의 이론만 열심히 공부할 뿐 독창적인 연구를 하지 않으면 학문에 발전이 없고, 반대로 남의 이론을 돌아보지 않고 독단적 이론만 펼치면 근거가 없어 위태로워집니다. 따라서 학문하는 자는 두 가지 일, 즉 선행 연구의 성과를 수용하고 이를 바탕으로 자기의 독창적 이론을 세워가는 자세가 필요합니다.

> 학문에는 다른 사람의 지도와 가르침도 필요하지만, 자신이 이해해 깨닫는 것만 못하다. 스스로 한 가지를 분명하게 안다면 백 가지가 마땅하게 되리라. 그렇지 않으면 지도하고 가르쳐주는 게 많을지라도 얻지 못할 것이다. —298조목

양명 또한 공자의 교육 방법을 이어받았고, 배우는 것과 생각하는 것이 상호보완적인 역할을 한다고 생각했습니다. 이에 덧붙여 양명은 배움도 물론 중요하지만 배운 내용을 곱씹어 스스로 이해하고 깨닫는 것이 더욱 중요함을 강조합니다. 배우기만 하고 배운 것을 사고하지 않는다면, 이는 자신이 배운 것을 진정으로 이해하지 못했음을 의미합니다. 배우기만 하고 진정으로 생각하지 않는다면 어떤 깨달음도 있을 수 없고, 시험이 끝나 책을 덮으면 하나도 떠오르지 않게 됩니다. 이런 배움은 전혀 도움이 되지 않는 시간 낭비일 뿐이죠.

우리가 음식을 먹는 이유는 뭘까요. 바로 음식을 통해 영양분을 공급받기 위해서입니다. 그러려면 음식을 충분히 소화해야 합니다. 하지만 한꺼번에 너무 많은 양을 먹거나 충분히 소화하지 못하면 몸에 탈이 나고 맙니다. 마찬가지로 훌륭한 스승이 아무리 많은 내용을 가르쳐준다 해도 궁극적으로 그 가르침을 소화하고 자신의 것으로 만들지 않는다면 말짱 허사입니다. 그래서 공자는 학생들에게 지식을 갈구하는 열정이 보이지 않으면 수업을 진행하지 않았습니다. "분발하지 않으면 계발해주지 않으며, 표현하지 못해 괴로워하지 않으면 가르쳐주지 않는다. 지식의 한 방면을 거론해 가르쳐주었는데, 나머지 다른 세 방면을 반증해 추론하지 않는다면 다시 반복해서 가르쳐주지 않는다." 선생이 아무리 좋은 지식과 진리를 가르쳐주더라도 학생이 의지를 갖고 스스로 탐구하지 않으면 무용지물이기 때문이죠. 그러므로 공자는 말합니다. "각자 도를 개척해가는 것이지, 도가 그 개인을 구원해주는 것이 아니다." 공자나 예수나 부처 같은 성인의 도가 우리를 구원해주는 게 아니라 우리가 공자나 예수나 부처의 도, 즉 진리를 실현할 수 있을 따름입니다. 다시 말해 우리가 온 힘을 다해 도를 실현했을 때라야 비로소 그 도가 우리 것이 될 수 있습니다.

왜 책을 읽는가

단순히 어떤 지식을 정확하게 기억하거나 쌓는 것은 별 의미가 없습니다. 배운 내용을 심도 있게 이해하는 데 공부의 목적이 있기 때문이죠. 이런 이치를 음악에 비유할 수도 있습니다. 다른 사람의 노래를 기억해 그대로 따라 부르는 경우에는 별다른 감흥을 느낄 수 없습니다. 하지만 그 노래에 담긴 원곡자의 심정을 충분히 이해하고 자기 것으로 소화해 부르면 많은 사람에게 깊은 감동을 선사할 수 있습니다.

> 만약 (글을) 단순히 기억하려고만 한다면 이해하지 못하게 되며, 단순히 이해하려고만 한다면 자신의 본체를 밝히지 못할 것이다. —252조목

독서의 궁극적 목적은 자신의 본체, 즉 양지를 밝히는 데 있습니다. 양명은 이런 이치를 명백하게 이해시키기 위해 음식의 예를 들어 설명했습니다. "무릇 음식은 다만 내 몸을 기르려는 것이므로 먹은 뒤에는 소화해야 한다. 만약 쓸데없이 배 속에 축적한다면 만성적인 비장 비대증에 걸릴 것이니, 어떻게 살과 살갗을 자라게 하겠는가?"

비록 보고 들은 것이 많더라도 그 지식을 가슴속에만 남겨두는 것은 과식을 해 배탈이 난 상황이나 마찬가지입니다. 독서를 좋아

하고 배우기를 좋아하는 사람들 중 일부는 한꺼번에 많은 내용을 습득하고 싶어서 무비판적으로 지식을 받아들이는 경향이 있습니다. 이런 사람들이 어떤 문제에 직면했을 때 해결책으로 제시하는 답안은 종종 옳은 것 같아 보이기도 하지만 실제로는 별 효과를 내지 못합니다. 배운 지식을 마음속에 뿌리내리고 자기 사상으로 바꾸며, 이를 보다 탄력 있게 운용할 수 있어야 진정한 지식이라 할 수 있죠. 적지 않은 책을 읽었는데도 삶을 사는 자세에 아무런 변화도 없다면, 지금껏 읽은 수많은 책은 오직 허망한 숫자에 불과할 뿐 어떤 영향도 끼치지 않았다고 말할 수 있습니다. 정자가 말했습니다. "지금 사람들은 책을 읽을 줄 모른다. 예를 들어 《논어》를 읽을 때, 읽기 전에도 그저 그런 사람이었는데, 읽고 난 이후에도 또한 그저 그런 사람이라면 곧 제대로 읽지 않은 증거다."

누가 어떤 자세로 독서에 임했는지는 독서한 이후의 반응이나 변화를 통해서 확인할 수 있습니다. "《논어》를 다 읽은 뒤에 아무런 변화가 없는 사람이 있다. 다 읽은 뒤에 그 내용 중의 한두 구절을 이해하고 좋아하는 자가 있다. 다 읽은 뒤 논어를 좋아하게 되는 자도 있다. 다 읽은 뒤 자기도 모르게 덩실덩실 춤을 추는 자도 있다." 인격의 폭이 넓고 깊이가 깊어질수록 느끼는 수준이 달라집니다. 책의 내용이 좋고 깊이가 있으면 고개를 끄덕이면서 감탄할 수 있습니다. 그런데 자기도 모르게 어깨를 들썩이며 덩실덩실 춤을 춘다는 것은 책을 읽고 난 뒤 샘솟는 기쁨과 신명을 주체할 수 없기 때문이죠. 반면에 똑같이 책을 읽었는데도 불구하고 읽고 난 다음에 아무런 변화가 없는 사람도 있습니다. 그런 경우 배우기는 했으나 전혀 쓸데가 없으니 가엾다 하겠습니다.

지극한 지혜와 지극한 어리석음

설간은 《논어》의 내용을 인용해 지혜로운 사람과 어리석은 사람은 왜 바뀌지 않는지 질문합니다. 그러자 양명은 그들이 할 수 없어서가 아니라 기꺼이 바꾸려는 의지가 없기 때문이라고 대답합니다.

> (설간이) 물었다. 지극히 지혜로운 사람과 지극히 어리석은 사람은 어째서 바뀔 수 없습니까? 선생께서 대답하셨다. 바뀔 수 없는 것不可이 아니라, 단지 기꺼이 바꾸려고 하지 않을不肯 뿐이다.
> −109조목

이 조목에서 관건은 '불가不可'와 '불긍不肯'이라는 두 단어에 대한 비교 분석에 있습니다. '불가'의 사전적 의미는 '…할 수 없다' '…해서는 안 된다'입니다. '불가'라는 단어가 적용되는 대상은 인간의 힘으론 어찌할 도리가 없는 천명과 같은 불가항력적 경우입니다. 반면 '불긍'의 사전적 의미는 '원하지 않다' '…하려 하지 않다'로, 사람이 자신의 힘으로 충분히 할 수 있고 바꿀 수 있는데도 스스로 원하지 않는 경우에 사용합니다.

'불가'와 '불긍'은 《맹자》〈양혜왕〉 상편에서도 나옵니다. 맹자는 제나라 선왕이 왕도정치를 실행하지 못하는 것은 '할 수 없는 것'이 아니라 '하지 않는 것'이라고 규정하며 다음과 같이 말합니다. "태산을 옆에 끼고 북해를 뛰어넘는 것을 '불가능하다'고 한다면 이것은 진실로 불가능하다. 연장자를 위해 나뭇가지를 꺾어 지팡이로 주는 것을 '불가능하다'고 한다면 이것은 하지 않을지언정 불가능한 것은 아니다."

달걀과 비슷하게 생긴 돌멩이나 쇳덩이를 따뜻하게 품는다고 해도 거기에서 병아리가 나올 수는 없습니다. 이런 경우에 '불가'를 사용할 수 있습니다. 하지만 어미 닭이 달걀을 품으면 병아리가 부화한다는 사실을 알면서도 달걀을 먹고 싶은 마음에 어미 닭에게 달걀을 품지 못하게 한다면 이는 병아리가 부화하는 걸 원하지 않는 것입니다. 이런 경우에 '불긍'을 적용할 수 있습니다.

지극히 지혜로운 사람이란 본성이 완전히 선한 사람을 가리킵니다. 지극히 어리석은 사람은 병리적으로 지능에 결함이 있거나 타고난 기질이 나쁜 사람이 아니라 어떤 사상에 대한 인식이나 자각, 소질 등이 남보다 못한 사람을 가리킵니다. 하지만 이런 사람이라도 열정과 의지를 가지고 자기 자신을 다스려나간다면 점점 변화해 성인과 같은 경지에 이를 수 있습니다.

《중용》에서는 이렇게 말합니다. "어떤 이는 태어나면서부터 알고 어떤 이는 배워서 알며 어떤 이는 곤혹을 겪고서 안다. 그러나 앎이란 점에서는 동일하다. 어떤 이는 편안히 행하고 어떤 이는 이해를 따져서 행하며 어떤 이는 억지로 힘써 행한다. 그러나 성공이란 점에서는 동일하다." 사람마다 선천적 조건에 따라 지혜와 능력의 차이는 있을 수 있지만 학문과 수양을 통해 노력해나간다면 모두가 성인의 경지에 도달할 수 있음을 강조하는 것이죠.

그럼에도 불구하고 지극히 어리석은 사람은 바뀌기가 힘듭니다. 북송의 유학자 정이천에 따르면, 지극히 어리석은 사람이 바뀌지 않는 까닭은 "자포자기해 기꺼이 배우려고 하지 않기" 때문입니다. 자포자기는 《맹자》 〈이루〉 상편에 나오는 내용으로, 절망에 빠져 자신을 스스로 포기하고 돌아보지 않으며 될 대로 되라는 식으로 체념하는 것을 말합니다. 따라서 자포자기하는 자와는 어떤 말이나 행동도 같이할 수 없다고 했죠.

공자의 제자인 염구는 어느 날 "선생님의 인생관을 좋아하지 않는 것은 아니지만 다만 저의 역량이 부족해 더 이상 좇을 수 없습니다"라고 고백합니다. 이에 공자는 "역량이 부족한 자는 중도에서 포기할 것이다. 하지만 지금 너는 스스로 한계를 긋고 있다"라고 지적했습니다. 염구는 공자가 매우 중시한 제자 가운데 하나로, 특히 정치 방면에 재능을 발휘했습니다. 하지만 염구는 상대적으로 자신감이 없는 성격이었던 모양입니다. 끝까지 해보지도 않고 지레짐작으로 자신의 역량이 부족하다 한계를 짓고 중도에 포기하고 있으니 말입니다. 이와는 반대로 공자의 제자 안연은 "그만두고 싶어도 차마 그럴 수 없다"는 반응을 보입니다. 안연의 눈에 비친 스승의 모습은 이미 인격적, 학문적으로 완벽한 경지에 도달했습니다. 제자들이 따라가고 싶어도 따라갈 수 없는 뚜렷한 간격이 있었죠. 하지만 안연은 염구와는 달리 포기하지 않고 한 단계 더 나아가려는 노력을 기울입니다.

공자는 이렇게 말합니다. "어진 이의 훌륭한 행실을 보고는 그와 같기를 생각하며, 어질지 못한 이의 나쁜 행실을 보고는 안으로 스스로 반성해야 한다." 우리 또한 안연의 '그만두고 싶어도 그럴 수 없는' 정신을 본받고, 염구의 '스스로 한계를 짓는' 위축된 모습을 보며 자신을 반성해야 합니다. 모든 일은 가능합니다. 관건은 자기 자신이 진정으로 하고 싶은 마음이 있느냐입니다.

자질에 따라 가르친다

양명은 제자들을 가르칠 때 결코 속박하지 않았습니다. 광자狂者의 기질을 지닌 자에게는 그에 맞는 방법을, 견자狷者의 기질을 지닌 자에게는 또한 그에 맞는 교육방법을 사용했죠. 광자는 뜻은 높지만 지혜가 모자라서, 과격하고 호기를 부려 멋대로 하기 쉽습니다. 반면 견자는 뜻은 높지 않으나 규칙을 굳게 지키며, 곧이곧대로 하는 고지식한 성격입니다.

성인은 사람들을 가르칠 때 그들을 속박해 모두 똑같이 만들지 않았다. …… 사람의 재능과 기질이 어떻게 같을 수 있겠는가?
—257조목

    교육에는 고정된 패턴이 있는 게 아닙니다. 사람마다 타고난 자질이 서로 다르므로 각자의 자질에 맞게 교육해야 한다는 인재시교의 교육방법을 가장 먼저 제시한 사람은 공자입니다. 양명은 단순히 공자의 가르침을 받아들이는 데 그치지 않고, 이를 새롭게 해석해냅니다. 교육의 목적은 지식을 전하는 수준을 넘어 각자가 독립적 인격을 갖춘 사람으로 거듭나게 하는 데 있다는 것입니다.

    이 세상에 자연적으로 난 것 가운데 완전히 똑같은 것은 하나도 없습니다. 사람 또한 마찬가지입니다. 저마다 독특한 개성과 잠재 능력을 지니고 있습니다. 그러므로 자신의 가치를 실현하고자 한다면 먼저 자신의 장점과 능력을 알아야 합니다. 그러려면 자기 내면의 깊은 곳에서 들려오는 진실한 소리에 귀를 기울여야 하죠. 만약 다른 사람과 소통하는 데 문제가 있는 사람이 장사를 한다면 과연 성공할 수 있을까요? 또 자신이 전혀 알지 못하고 흥미도 느끼지 못하는 분야의 일을 고집한다면 어떤 결과를 낳을까요? 단순히 개인의 불행을 넘어 사회에도 결코 좋은 영향을 끼칠 수 없겠죠.

    대부분의 부모는 자기 자식에게 큰 기대를 품습니다. 기대가 크면 클수록 부모는 자신의 아이에게 모든 것을 가르치려 합니다. 그래서 온갖 학원에 보내지만 그 결과가 항상 바람직하다고는 할 수 없죠. 부모의 기대와 강요에 의해 이루어지는 교육에는 자발성이 빠져 있습니다. 아이를 잘 양육하기 위해서는 무엇보다도 세심한 관찰을 통해 아이가 가지고 있는 장점이 무엇인지, 아이가 무엇을 좋아하는지 우선적으로 파악하는 것이 중요합니다. 이를 바탕으로 꾸준히 아이의 장점을 계발하고 지도해야 하죠. 아이의 자질을 파악하고 그에 따라 가르칠 수만 있다면 아이 스스로 문제를 해결할 능력을 키움과 동시에 자신에게 가장 적합하고 바람직한 방향으로 나아갈 수 있습니다.

가르치는 순서와 방법

처음 무언가를 배우는 사람을 초학자라고 합니다. 초학자의 마음은 좀체 집중하지 못하는 원숭이나 평원을 달리는 말에 비유되곤 합니다. 이런 마음은 풀어놓기는 쉬우나 붙들어 맬 수 없어 통제하기가 어렵습니다. 밖으로 내달리려는 마음을 진정시키고 지난 하루를 돌이켜보면, 마음이 하루 종일 무수한 생각에 사로잡혀 있었음을 알 수 있습니다. 무수한 생각 중에는 또한 천리天理와는 거리가 먼 망념이 대부분을 차지했을 겁니다. 양명은 이런 마음 상태를 "처음 배울 때는 마음이 원숭이처럼 집중하지 못하고 뜻이 말처럼 외부로만 치달려서 차분하게 붙들어 맬 수 없으며, 생각하는 내용이 대부분 인욕에 치우쳐 있다"고 진단했습니다. 그리고 이에 대한 대처법으로 정좌靜坐를 통해 쓸데없는 생각을 멈추게 하는 공부 방법을 제시하죠. 이것이 이른바 정좌식심靜坐息心 공부법입니다.

정좌라 해서 그저 멍하니 앉아 있는 거라고 생각하면 안 됩니다. 사실 정좌 공부의 관건은 마음을 고요하게 가라앉힌다는 '정靜' 자에 있습니다. 그러니 서서 하든 앉아서 하든 편안하게 누워서 하든 상관없습니다. 정좌는 자칫 사람을 몽롱하고 멍한 상태로 빠져들게 할 수도 있는데, 그때마다 마음 상태를 점검해 잡념을 제거하는 것이 중요합니다.

4월의 어느 따스한 봄날 공원 호숫가에 앉아 있는 모습을 상상해보죠. 바람이 자고 물결은 잠잠해 수면이 마치 밝은 거울과 같이 잔잔함을 유지한 상태라면 호수의 수면에 비치는 구름과 주변의 나무나 고층건물이 제 모습을 드러냅니다. 이런 잔잔한 호수에 돌멩이를 던지면 어떨까요. 수면에서 잔물결이 만들어지고, 이로 인해 수면에 비친 사물이 제 모습을 잃고 왜곡됩니다. 우리의 마음 또한 호수의 물과 마찬가지입니다. 고요함을 구하는 공부는 바로 마음을 밝은 거울과 고요한 호수의 수면처럼 어떤 사물이라도 본래의 모습을 비추지 않음이 없는 상태로 돌이키는 것입니다.

정좌식심을 통해 마음과 뜻을 어느 정도 안정시키면 반드시 성찰극치省察克治 공부가 뒤따라야 합니다. 단지 마음을 가라앉히는 정좌 공부는 마른 나무나 꺼진 재와 같아서 잘못하면 움직임을 싫어하고 고요함만 좋아하는 또 다른 극단으로 치달릴 수 있어서죠.

성찰극치 공부는 반성하고 살펴서 사욕을 제거하는 공부입니다. 고양이가 쥐를 잡듯이 정신을 집중해 눈으로 살피고 귀로 들어서 한 생각의 싹이 발동하자마자 곧바로 제거해야 합니다.

사람들에게 학문하는 방법을 가르칠 때는 어느 한쪽에 집착해 서는 안 된다. ―39조목

양명은 공부의 방법을 정좌와 성찰극치라는 두 가지로 나누어 설명하지만, 이 두 가지 순서가 고정된 것은 아닙니다. 서로 번갈 아 사용할 수도 있습니다. 어수선하고 혼란스러운 상황에 처했을 때는 먼저 마음을 차분히 가라앉히는 정좌 공부를, 움직임을 싫 어하고 고요함만 좋아하는 자신을 발견했을 때는 성찰극치 공부 를 하면 됩니다. 공부는 대상과 실정에 맞게 문제를 해결하는 데 방점이 있으므로 어느 한쪽만 고집할 필요는 없습니다. 또 엄격 히 말하자면 정좌 공부가 바로 성찰극치 공부입니다. 마음속에 있 는 잡념을 제거하려면 사욕을 제거해야 하기 때문입니다. 이런 공 부가 익숙해지면 자연히 '하사하려何思何慮'의 궁극적 경지에 도달합 니다. '하사하려'는 글자 그대로 아무 생각이나 염려가 없는 게 아 니라, 오로지 천리만 생각해 마음이 완전히 순수한 천리에 도달한 상태입니다. 다시 말해 '무엇을 생각하고 무엇을 염려하겠는가'라 는 말은, 생각하고 염려하는 것이 천리뿐이므로 다른 생각이나 염 려가 없음을 가리킵니다.

정좌 공부든 성찰극치 공부든 길은 다르더라도 목적지는 동일하며, 사려하는 것이 백 가지로 다를지라도 사려를 통해 궁극적으로 천리에 도달하고자 하는 것만은 동일합니다. 그러므로 어느 한쪽만 고집할 게 아니라 주어진 대상과 실정에 맞는 방법을 사용하면 됩니다.

어
떻
게

살

것
인
가

———————

제
11
장

修己治人

깨끗하고 맑은 마음의 상태

옛날에 혁추라는 사람이 있었는데, 그의 바둑 솜씨는 전국적으로 소문이 날 정도였습니다. 혁추는 2년에 한 번씩 제자를 두 명 받아들였는데, 이번에 받아들인 제자는 동목과 서목이라 불리는 젊은 청년들이었습니다. 혁추는 바둑을 가르칠 때면 언제나 눈을 감고 설명하는 습관이 있었습니다. 또 제자들의 학습 태도를 감독하거나 관여하는 법이 없이 모든 것을 자율적으로 습득하도록 했습니다.

처음 바둑을 배우기 시작했을 때 동목과 서목은 온 정신을 집중해 스승의 강의를 들었습니다. 심지어 어떤 때는 둘 중 누가 먼저랄 것도 없이 스승의 설명을 끊으면서까지 다투어 질문을 던지곤 했습니다. 저녁에 숙소에 돌아와 잠자리에 들 때까지도 그날 배운 내용을 함께 토론하고 연구했습니다. 자연스레 학습 진도가 대단히 빨랐고, 어느 정도 시간이 지나자 두 사람의 수준은 우열을 가릴 수 없게 되었습니다.

1년 뒤 동목과 서목이 잠시 집으로 돌아가게 되었습니다. 그들은 숲을 지나가던 도중 공교롭게도 사냥꾼이 날아가는 기러기를 떨어뜨리는 광경을 보았는데, 이 광경은 서목에게 평생 잊지 못할 강렬한 인상을 남겼습니다. 이후 스승이 계시는 곳으로 돌아와 다시 바둑을 배우기 시작했는데, 두 사람의 학습 태도는 이전과는 확연하게 달라졌습니다. 바둑에 대한 동목의 흥미는 더욱더 깊어졌지만, 서목은 하루 종일 바둑에만 매달리는 게 매우 무미건조하게 느껴졌습니다. 서목은 오히려 새 잡는 일에 흥미를 느껴 바둑을 배우는 시간에도 늘 기러기가 지금 하늘을 날고 있는지만 생각했습니다. 어떤 때는 눈앞에 사냥꾼이 기러기를 사냥하는 모습이 떠오르곤 했습니다.

또다시 1년이 지나 동목과 서목이 마침내 바둑 수업을 마치는 날이 되었습니다. 혁추는 두 제자에게 대국을 벌이라고 했습니다. 누구나 상상할 수 있듯, 결과는 서목의 참패로 끝나고 말았습니다. 혁추는 두 제자의 기국을 다 보고 나서 말했습니다. "처음 내가 눈을 감고 바둑을 가르칠 때 너희 두 사람의 대답을 들으며 나는 너희 두 사람 다 총명하다고 생각했다. 그러나 뒤에 내가 역시 눈을 감고 바둑을 가르칠 때 오직 동목만이 대답하는 것을 들었고, 서목의 마음은 이미 바둑에서 멀어졌다는 것을 알 수 있었다. 그러므로 나는 동목이 진정한 나의 제자임을 밝히는 바이다."

우리가 몸담고 살아가는 사회는 결코 단순하지 않습니다. 그속에서 관계 맺고 살아가는 인간관계 또한 단순하지 않습니다. 이런저런 요소가 얽히고설켜 혼잡하고 어수선하죠. 이런 환경의 영향에서 벗어나기란 결코 쉽지 않습니다. 우리의 마음은 그 가운데서 때로는 즐거워하기도 하고 때로는 슬퍼하기도 하며 환경에 따라 시시각각 변화합니다. 어떤 시대, 어떤 상황에 처해 있더라도 깨끗하고 맑은 마음을 유지하면 좋겠지만, 그러기 위해서는 무엇을 해야 하고 무엇이 필요할까요. 양명은 잡념을 제거하고 바깥 사물에 연루되지 않는다면 마음과 영혼의 자유를 추구할 수 있다고 강조합니다.

(황이방이) 물었다. "명성과 여색, 재물과 이익에도 양지가 역시 없을 수 없는 듯합니다." 선생께서 대답하셨다. "참으로 그러하다. 그러나 처음 배우는 사람의 공부는 그런 생각을 쓸어버리고 말끔하게 씻어서 남겨두지 않아야만 우연히 명성과 여색, 재물과 이익을 만나더라도 비로소 누가 되지 않고 자연히 순리대로 응할 수 있다." - 326조목

깨끗하고 맑은 마음을 지닌다면 세속의 시선으로부터 자유로워지고 외부 환경의 간섭에서 벗어날 수 있습니다. 지금 당장 해야 할 일에 집중해 당면한 문제를 해결하기만 하면 됩니다. "세상에 어려운 일은 없다. 단지 마음먹기에 달렸을 뿐이다"라는 말도

있으니까요. 어떤 일의 원인, 경과, 결과 및 그와 관련된 요소를 최선을 다해 연구해나간다면 아무리 어려운 문제라도 비교적 쉽게 해결할 수 있습니다. 또한 이런 문제를 한 번 해결하고 나면 이와 비슷한 문제도 좀 더 쉽게 해결할 수 있죠.

깨끗하고 맑은 마음은 인생의 경지를 더욱 높은 단계로 끌어올릴 수 있습니다. 깨끗하고 맑은 마음은 지극히 작은 씨앗과도 같아 겉으로 보면 언급할 가치가 없을지도 모릅니다. 하지만 그 속에는 감히 무엇과도 비교할 수 없는 위대한 힘이 깃들어 있습니다. 겨자씨만 한 믿음이 산을 옮기는 것과 마찬가지 이치입니다.

진실함이 결여되면 크게 될 수 없다

무릇 배우고 묻는 공부는 하나가 되면 참이지만, 둘이 되면 거짓이다. 무릇 이러한 정황은 모두 양지를 실현하려는 뜻에 진실함과 순일함 및 간절함이 결여되었기 때문이다. ─170조목

《대학》에서는 "그 뜻을 성실하게 한다는 것은 악을 싫어하기를 악취를 싫어하는 것처럼 하며, 선을 좋아하기를 아름다운 여색을 좋아하는 것처럼 해야 하니, 이것을 일러 스스로 만족한다고 한다"라고 말합니다. 악취를 싫어하고 아름다운 사람을 좋아하는 성향은 인간이라면 누구나 지니고 있는 본래 모습입니다. 즉 다른

사람이 격려하거나 용기를 북돋아주는 등 외부적인 조건에 의해 지속되는 것이 아니라는 뜻이죠.

살아가면서 가장 두려워하고 영원히 경계해야 할 적은 다름 아닌 자기 자신입니다. 자기 내부에 자리하고 있는 일관되지 않고 진실하지 않은 마음이야말로 가장 두려워해야 할 적입니다. 이런 마음을 본래 모습으로 되돌리기 위해서는 전심전력을 다해 부단히 자아를 갈고닦아야 합니다.

더불어, 무슨 일을 하든 적극적이고 주동적으로 해보려는 자세도 필요합니다. 적극적이고 주동적인 사람은 의외의 일을 마주했을 때 여러 가지 해결 방안을 제시합니다. 심지어 자기와 전혀 관계없어 보이는 문제에도 주동적으로 참여해 다른 사람을 도와 함께 해결하려 듭니다. 모든 일을 주동적으로 모색하는 마음을 갖추고 있다면, 그것이 어떠한 일이든 상관없이 보다 더 빨리, 보다 더 완벽하게 완성할 수 있을 겁니다.

이와는 반대로 소극적이고 피동적인 사람은 주체적으로 생각하기를 싫어할 뿐 아니라 주동적으로 일을 해결할 수도 없습니다. 고작해야 다른 사람들이 자기가 할 일을 대신해주기를 기다릴 뿐입니다. 기꺼이 다른 사람의 지시를 따르고, 언제든지 타인에게 도움을 받고 싶어 하죠. 하지만 이처럼 소극적이고 피동적인 자세는 문제를 해결하는 데 아무런 도움이 되지 않습니다. 심지어는 이것이 습관이 되어 자신의 인생에 대해서조차 주체적으로 뭔가를 결정하려는 의지를 잃게 됩니다.

고개를 돌려 직장에서 남보다 승진이 빠른 사람들을 살펴봅시다. 그러면 그들이 대개 자신에게 주어진 업무에 적극적이고 주동적으로 임한다는 사실을 어렵지 않게 발견할 수 있습니다. 주어진 시간은 같지만, 바쁜 와중에도 남는 시간을 잘 활용하는 것도 그들의 특징입니다. 끊임없는 자기 충전을 통해 새로운 지식을 습득하고 능력을 배양하기 위해 노력하죠. 이와 달리 하루하루를 그럭저럭 적당히 살아가는 사람들은 무의미하게 시간을 보냅니다. 단지 현재 주어진 상황에 만족할 뿐, 보다 나은 내일을 향해 나아가려는 의지도 없고 그럴 필요성도 느끼지 않습니다.

자신이 몸담은 분야에서 성공하기 위해서는 적극적이고 주동적인 인생 태도를 가져야 합니다. 끊임없이 배우고 묻고 또다시 배우는 과정을 통해 능력을 지속적으로 확장해나가야 합니다.

각자의 능력에 따라 양지를 실현한다

우리가 양지를 실현하는 것은 다만 각자의 능력이 미치는 정도에 따를 뿐이다. −225조목

이른바 '능력이 미치는 정도'란 어떤 사람이 무엇을 받아들일 수 있는 능력의 한도를 말합니다. 사람마다 무엇을 받아들이는 능력이 같을 수 없습니다. 또한 동일한 사람이라 하더라도 그가 10대,

20대였을 때와 30대나 40대가 되었을 때, 각각 받아들일 수 있는 능력이 같을 수 없습니다. 나이가 듦에 따라 또는 지식이 성장함에 따라 '능력이 미치는 정도'가 달라지기 때문입니다. 그러므로 어떤 일을 하든 자신의 역량에 따라야지 역량이 미치지 못하는 일에 섣불리 뛰어들어서는 안 됩니다.

물론 세상에는 부러운 것이 너무나 많습니다. 어떤 사람은 주식 투자를 해서 하루아침에 큰돈을 벌고, 어떤 사람은 TV 화면에 몇 번 등장하더니 엄청난 유명인이 되어 인기를 누립니다. 주위에서 성공한 사람들을 보면 부러운 게 인지상정입니다. 그래서 나도 따라 하고 싶은 마음이 생깁니다. 나도 큰 집에서 호사를 누리고 비싼 차를 타고 싶고, 나도 주식을 사서 돈을 벌고 싶습니다. 이런 마음이 나쁘다고 탓할 수는 없습니다. 어쩌면 사람이라면 누구나 가질 수 있는 자연스러운 욕망일 테죠. 하지만 현실을 고려하지 않은 채 무작정 다른 사람을 따라 하려 한다면 마음이 어지럽혀질 뿐입니다.

남을 부러워하는 마음이 들 때 조용히 자신을 돌아보고 이성적으로 생각해볼 필요가 있습니다. 상황과 능력을 고려해 목표를 이루어나갈 수 있는 방법을 찾아보는 편이 현명합니다. 사람은 마땅히 분수를 지켜야 합니다. 그렇다고 해서 아무 일도 하지 않고 현실에 안주하라는 의미는 아닙니다. 자신의 능력에 따라 차근차근 일을 추진해나가는 자세가 필요하다는 말입니다. 만약 분수를 지키지 않고 자신을 과대평가해 능력에서 벗어난 일에 뛰어든다면 위험에 처할 가능성이 커집니다. 자신의 능력은 50밖에 되지 않는데 100의 능력을 요구하는 일을 하려면 어떻게 될까요. 이는 개인의 불행을 넘어 궁극적으로는 사회 전체에 해악을 끼치는 요소가 될 겁니다.

자신을 반성한다

어떤 물체의 무게를 알려면 그걸 저울에 올려보면 됩니다. 길이를 알아보려면 자를 이용해 재면 되죠. 이처럼 어떤 물체에 관해 정확하게 알기 위해서는 그 물체를 객관적으로 평가할 수 있는 표준이 필요합니다. 마찬가지로 우리가 우리 자신에 대해 정확히 알기 위해서는 끊임없는 점검이 필요합니다. 이런 과정을 거쳐 자기 자신을 명확히 알고, 장점과 단점을 파악해 장점은 더욱 발전시키고 단점은 보완해나갈 수 있습니다. 양명은 이렇게 말합니다.

천리와 인욕의 정미함은 늘 힘써 성찰하고 사욕을 이겨내야만 비로소 날마다 조금씩 드러난다. ······ 단지 천리를 설명하기만 하고 내버려둔 채 따르지 않으며, 인욕을 설명하기만 하고 방치한 채 제거하지 않는다면, 어찌 격물치지의 학문이겠는가? —84 조목

어린 시절 양명의 부친이 양명을 데리고 용관에 머무르며 세상 물정을 익히도록 했습니다. 얼마 뒤 집에 돌아온 양명은 부친에게 자신 있게 말했습니다. "앞으로 저는 몇 만의 군대만 이끌고 나아가 달단족을 토벌하고자 합니다." 부친은 양명의 말을 듣고 노발대발해 너무 오만해서 현실을 모른다고 꾸짖습니다. 부친에게 예상치 못한 꾸중을 듣고 난 양명은 자기 자신을 반성했고, 나중에는 스스로 너무 오만했다는 사실을 인정했습니다. 그 뒤로 양명은 매일 격물 공부를 이어나갔습니다. 항상 자신의 이론이 정확한지 살피게 되었으며, 훗날 용장에서의 큰 깨달음을 계기로 심학을 제창하기에 이릅니다. 즉 양명이 이론적으로나 실천적으로나 당시의 주자학과는 다른 자기 자신만의 학문 체계를 수립할 수 있었던 배경은 바로 자기반성입니다.

　　일찍이 자기반성을 강조한 사람은 적지 않습니다. 공자의 제자인 증삼 역시 그중 하나입니다. 증삼은 매일 세 가지 방면에서 자신을 반성했습니다. "나는 매일 내 몸을 세 번 살핀다. 다른 사람을 위해 일을 도모하는 데 충실하지 않았는지, 벗과 함께 사귀는데 신의를 잃지 않았는지, 스승에게 배운 것을 익히지 못하지는 않았는지 살핀다." 증삼은 이렇게 날마다 자신의 행동을 반성해 부족하거나 고쳐야 할 부분을 발견하면 즉시 그것을 보충하고 개선하며, 덕행과 학식을 두루 갖춘 사람이 되고자 노력했죠. 노자 또한 《도덕경》에서 이렇게 말합니다. "남을 아는 사람은 총명하고, 자신을 아는 사람은 현명하다." 다른 사람을 아는 사람은 총명하기는 하지만, 자기 자신을 아는 사람의 현명함만 못합니다. 정말로 총명한 사람은 반드시 자신을 아는 현명함을 갖춰 자신을 객관적으로 바라볼 수 있습니다. 그렇다면 무엇을 일컬어 자신을 아는 현명함이라 할까요? 공자는 일찍이 말했습니다. "아는 것을 안다고 하고, 모르는 것을 모른다고 하는 것, 이것이 아는 것이다."

성공한 사람들은 거의 예외 없이 자신을 아는 현명함을 갖추고 있습니다. 이런 현명함의 힘이 바로 자기반성에서 나오죠. 그러므로 성인은 어떤 일을 실행하기 전에 언제나 자신에게 묻습니다. 나에게 이런 일을 감당할 능력이 있는가? 이 일은 내가 진정 원하는 일인가? 이 일을 수행하는 데 부족한 나의 단점은 무엇인가? 이렇게 반복적으로 자기 자신에게 질문하고 자신을 돌이켜보아 자신의 장점과 단점을 파악한 뒤 최종적으로 답을 찾았던 것입니다.

막심 고리키 또한 자기반성에 관해 다음과 같이 언급했습니다. "반성이란 맑고 밝은 거울로서, 심령의 오점汚點을 비춰볼 수 있다." 반성의 적극적 작용을 긍정적으로 평가한 문장이라 할 수 있습니다. 누구에게나 나의 가장 큰 적은 다름 아닌 나 자신입니다. 그러므로 진정으로 자기 자신을 이해하는 사람만이 나라는 강력한 적을 이길 수 있습니다. 진정으로 자기 자신을 반성할 줄 아는 사람만이 자신의 장단점을 분명하게 이해하며, 자기 자신을 객관적으로 평가하고 스스로 새로워질 수 있는 것입니다.

잘못을 뉘우치는 가장 좋은 방법

살다 보면 누구나 크고 작은 실수를 하게 마련입니다. 중요한 것은 이런 실수나 잘못을 두 번 다시 저지르지 않으려는 마음가짐과 그것을 실천할 수 있는 의지입니다. 공자는 말합니다. "잘못을 했다는 것이 문제가 아니다. 잘못을 하고서도 고치지 않는다면 그게 바로 진짜 잘못이다." 그러므로 공자는 "잘못을 저지를 경우 반성하고서 고치는 일을 피하지도 싫어하지도 말라"고 충고합니다. 사실 이것은 말만큼 쉽지 않습니다. 대부분은 얼마 지나지 않아 또다시 같은 잘못을 반복해서 저지르고 있는 자신을 발견하게 되죠. 특히 체면을 중시하는 사회일수록 실수의 원인을 자기 자신에게서 찾는 것이 아니라 외부 탓으로 돌립니다.

일반적으로 신체 어느 부위에 상처가 나거나 아픔을 느낄 때 우리는 병원을 찾아 상태를 진단한 뒤 치료를 받습니다. 병을 고쳐 몸을 원래 상태로 되돌리기 위해서죠. 잘못을 저질렀을 때 뉘우쳐 깨닫는 목적도 이와 같습니다. 궁극적으로 그 잘못을 되풀이하지 않고 완전히 고치려는 데 목적이 있죠. 같은 잘못을 되풀이하지 않기 위해서는 자신의 단점이나 과실을 인정하는 용기가 필요합니다. 잘못을 인정하지 않는다면 진정으로 잘못을 고칠 수 없을 뿐만 아니라 원만한 인간관계를 기대하기도 어렵습니다.

공자는 다음과 같이 말합니다. "바르게 타이르는 말을 따르지 않을 수 있겠는가? 자신의 잘못을 고치는 것이 중요하다. 따르기만 하고 고치지 않는다면 나도 그를 어찌할 수 없다." 예를 들어, 잘못을 저질렀을 때 다른 사람이 나를 타이르는 말을 해주면 그 말은 언뜻 이치에 타당해 순응하기 쉽습니다. 하지만 그 말에 순응하기만 하고 진정으로 잘못을 고치는 행위가 뒤따르지 않는다면, 이는 겉으로만 따르는 체하는 데 지나지 않습니다. 진심으로 자신의 잘못을 반성하는 자세는 아닌 겁니다. 어쩌면 잘못을 알고도 고치지 못하는 것보다는 차라리 자신이 무엇을 잘못했는지조차 모르는 편이 나을지도 모르겠습니다.

대개 사람은 잘못을 저지르면 후회합니다. 하지만 후회가 단순히 후회로만 끝난다면 그 의미는 퇴색합니다. 과거의 잘못을 후회하는 데 그칠 게 아니라 그 일을 반면교사 삼아 앞으로 다가올 일의 본보기로 삼아야 합니다. 후회하는 마음이 있으면 반드시 그 잘못을 고치려는 실천이 뒤따라야 합니다. 이런 이유로 양명 또한 진정으로 뉘우친다면 잘못을 고치는 것이 중요하다고 생각했죠.

설간薛侃은 후회하는 일이 많았다. 선생께서 말씀하셨다. "뉘우쳐 깨닫는 것은 병을 고치는 약이다. 그러나 잘못을 고치는 것이 중요하다. 만약 후회가 가슴속에 응어리진 채 남아 있다면 다시 약 때문에 병이 생길 것이다." ―106조목

후회에 대처하는 가장 잘못된 방법 가운데 하나는 후회를 가슴속에 응어리진 채 남겨두는 것입니다. 진정으로 뉘우친다면 잘못

을 고치고 앞으로 나아가는 자세가 필요한데, 잘못을 고치려는 노력은 하지 않은 채 언제까지나 가슴속에 후회하는 감정만 지니고 있다면 문제입니다. 스스로 회한의 늪에 빠져 벗어날 줄 모르고, 심지어 눈앞의 일을 처리할 여유조차 잃고 맙니다. 인도의 시인 타고르는 이렇게 노래했습니다. "태양을 잃었다고 울지 마라. 눈물이 앞을 가려 별을 볼 수 없게 된다."

지나간 것에 대한 아쉬움과 후회는 그 자체로 일단락지어야 합니다. 과거의 잘못에 얽매여 있다면, 또다시 같은 잘못을 반복해서 저지르고 후회가 후회를 낳는 악순환이 반복될 뿐입니다.

군자는 정해진 그릇이 아니다

《논어》〈공야장〉편에 이런 말이 나옵니다. "자공이 '저는 어떻습니까'라고 묻자, 공자께서 '너는 그릇이다'라고 하셨다. '어떤 그릇입니까'라고 묻자, '호련(제사에 쓰는 귀한 그릇)이다'라고 대답하셨다." 또 〈위정〉편에서는 "군자는 그릇이 아니다"라고 했죠.

어느 날 자로, 염유, 공서화, 증점 네 학생이 공자를 모시고 앉아 있는데, 공자가 그들에게 각자의 포부를 물었습니다. 이에 먼저 자로가 "제가 군사 전문가가 되어 한 나라의 군사를 담당한다면 3년 안에 백성들을 용맹하게 할 수 있고 또한 처세하는 도리에 밝게 될 것이니, 다른 국가가 어찌할 도리가 없을 것입니다" 하고 대답했습니다. 공자는 이어서 염유에게 포부를 물었습니다. 다재다능하고 겸손했던 염유는 공자가 자로의 말을 듣고 빙그레 웃으시는 모습을 보고 말을 더욱 신중하게 했습니다. 염유는 자신에게 정치를 맡긴다면 3년 안에 경제 문제를 해결해 백성을 풍요롭게 할 수 있다고 대답했습니다. 하지만 예악으로 백성을 교화하는 일은 자신이 할 수 없는 부분으로, 자신보다 현명한 군자를 기다려야 비로소 가능하다고 했죠. 이어서 공자가 공서화에게 포부를 묻자 공서화는 외교관이 되겠다고 대답했습니다.

이렇게 스승과 제자 사이에 문답이 오갈 때 증점은 무엇을 하고 있었을까요? 다른 사람이 각자 자신의 포부를 이야기할 때 증점은 다만 비파를 탔습니다. 말하자면 배경 음악을 담당해 부드러운 분위기를 조성하고 있었던 겁니다. 마지막으로 공자가 증점에게 물었습니다. "증점아, 네가 지향하는 바는 무엇이냐?" 비파를 타는 소리가 점점 잦아들더니 마침내 '땅' 하는 소리와 함께 증점이 비파를 밀어내며 말했습니다. "저의 포부는 앞의 세 사람과는 다릅니다." 공자가 말했습니다. "상관없다. 포부를 말해보아라." 이에 증점이 말했습니다. "늦봄에 봄옷이 만들어지면 관을 쓴 어른 대여섯 명, 동자 예닐곱 명과 함께 기수沂水에서 목욕하고 무우舞雩에서 바람 쐬고서 노래하며 돌아오겠습니다."

처음 들었을 때는 이것도 포부인가 하는 의문이 들 수 있습니다. 다른 사람들은 구체적으로 군사가, 정치가, 외교관이 되어 사회에 공헌하겠다는 거창한 포부를 밝히는데 증점은 목욕하고 바람 쐬고 나서 노래 부르며 집으로 돌아오겠다고 대답하니 말입니다. 그러나 뜻밖에도 그의 말을 듣고 난 공자가 감탄하며 말합니다. "나는 증점의 포부가 마음에 든다."

세 사람(자로, 염유, 공서화)은 이른바 '너는 그릇이다'라는 말에 해당하며, 증점에게는 곧 '그릇이 아니다'라는 의미가 깃들어 있다. —29조목

양명은 공자를 대신해 세 사람과 증점의 차이를 설명합니다. 그는 자로, 염구, 공서화에 대해서는 '그릇'이라고 평가한 데 반해, 증점에 대해서는 '그릇이 아니다'라고 평가합니다. 그 차이는 어디에 있을까요? 양명에 따르면, 공자가 증점에게만 호의를 베푸는 이유는 분명합니다. 세 사람은 의도하고 기필하는 경향이 있는 데 반해 증점은 전혀 그렇지 않았기 때문입니다. 그렇다면 여기서 말하는 의도와 기필은 무엇을 의미할까요? 《논어》〈자한〉편에서는 '의도하고 기필함'에 관해 다음과 같이 언급합니다. "공자께서는 네 가지가 전혀 없으셨으니, 의도함이 없으셨고, 기필함이 없으셨고, 집착함이 없으셨고, 사적인 자아가 없으셨다." 의도함이란 공정하지 못하고 한쪽으로 치우친 생각으로 사물을 판단하거나 지레짐작해 생각하는 일, 기필함이란 확실하지 않은 것을 틀림없다고 우기거나 큰소리치는 일, 집착함이란 자기 자신의 생각이나 행동만이 옳다고 고집하는 일, 사적인 자아란 자기 자신만

내세우거나 자신의 처지만 생각하는 이기적인 행동을 의미합니다. 의도하거나 기필하려는 마음이 있다는 것은 어느 한쪽으로 치우쳐서 한 가지 재주나 기예에 뛰어날 뿐 모든 방면에 두루 잘할 수는 없다는 뜻이죠. 반면에 증점의 생각에는 도리어 의도함과 기필함이 없었습니다. 곧 '현재의 형편에 따라 행하고 그 밖의 것을 원하지 않는다'는 말입니다.

군자는 하나의 용도로만 사용되는 그릇이 아닙니다. 기器는 그릇을 가리키는데 냄비나 쟁반, 밥그릇, 잔 등이 모두 그릇입니다. 이런 그릇은 각각 특정한 목적에 맞게 만들어졌기 때문에 용도가 정해져 있습니다. 하지만 군자의 목표는 특정한 용도를 갖춘 그릇이 되고자 하는 데 있지 않습니다. 어떤 이는 '군자불기'를 군자는 다재다능해야 한다는 뜻으로 해석하고, 또 다른 이는 한 분야에 뛰어난 전문가가 되어야 한다는 뜻으로 해석합니다. 전자는 다방면에 걸쳐 지식이 많은 제너럴리스트를 가리키고, 후자는 특정 분야의 전문 지식을 갖춘 스페셜리스트를 가리킵니다.

그렇다면 공자가 말하는 군자불기의 진정한 의미는 무엇일까요? 공자가 "군자는 그릇이 아니다"라고 말한 것은, 어떤 한 분야의 전문가로 만족해서는 안 된다는 의미입니다. 우리가 어떤 일이나 사물에 대해 적지 않게 배워 어느 정도 지식을 쌓더라도 가끔 그것만으로는 부족함을 느낄 때가 있습니다. 이것만으로는 충분하지 않다는 생각을 하고 지속적으로 나아가야만 비로소 그 부분에 대해 보다 완벽하게 이해할 수 있죠.

"오늘 배우지 아니하고 내일이 있다고 말하지 말며, 올해 배우지 아니하고 내년이 있다고 말하지 말라." 주자가 남긴 가르침처럼, 인생은 끊임없는 배움의 연속입니다. 늘 배워 새로워지지 않으면 발전이 있을 수 없습니다. 때때로 익히고 준비한 지식과 경험은 훗날 어느 분야, 어느 부분에서든 자신이 맡은 일을 훌륭하게 해낼 밑거름이 되어주죠. 오늘날 사회는 연결성을 강조합니다. 그런 까닭에 기술이 필요한 분야에서는 예술성과 인간에 대한 이해가, 예술이 필요한 분야에서는 과학이나 수학에 대한 통합적 이해가 요구되죠. 이런 의미에서 보면 융복합적 사고를 할 수 있는 인재야말로 공자가 말하는 진정한 '군자불기'가 아닐까 싶습니다.

왜 알기 어려운 것을 추구하는가

성인의 학문이란 오직 양지를 실현해 이 마음의 천리를 정밀하게 살피는 것으로서, 후세의 학문과는 같지 않습니다. 반면 후대의 학자들은 알기 쉬운 것을 소홀히 여겨서 따르지 않고, 알기 어려운 것을 추구하는 일을 학문으로 여깁니다. 도는 가까이 있는데 멀리서 구하며, 일은 쉬운 데 있는데 어려운 데서 구하는 모양새입니다. 도는 큰길과 같은데, 어찌 알기 어렵겠습니까. 다만 사람이 지나다니지 않는 것이 문제일 뿐입니다.

그대는 양지를 미처 실현할 겨를도 없이 성급하게 다만 세부 항목과 때의 변화를 알지 못할까 근심하는데, 이것이 바로 알기 어려운 것을 추구함을 학문으로 여기는 폐단이다. -139조목

너무 세부적인 사항만 들여다보고 전체 국면을 고려하지 않으면 성공하기 어렵습니다. 옛 성인들은 대부분 어떤 일을 할 때 대세를 중시했죠. 양지를 실현하면 세부적인 것은 자연히 이해하게 되는 반면, 세부적인 데 집착하면 대세를 전면적으로 관찰할 수 없을 뿐만 아니라 불필요한 고민을 수반한다는 사실을 잘 알고 있었기 때문입니다.

아프리카 초원에 서식하는 흡혈박쥐는 몸집이 아주 작지만 야생마의 천적으로 불립니다. 몸이 작고 체중도 가벼운 흡혈박쥐는 오로지 다른 동물의 혈액만 빨아 먹고 살아갑니다. 그중에서도 특히 야생마의 혈액을 가장 좋아하죠. 흡혈박쥐는 야생마를 공격할 때 주로 넓적다리에 달라붙어 날카로운 이빨로 순식간에 야생마의 다리를 깨뭅니다. 야생마가 미친 듯이 날뛰고 내달려도 흡혈박쥐는 절대로 떨어지지 않습니다. 흡혈박쥐가 여유롭게 피를 충분히 빨아 먹고 만족해하며 날아가면, 분노한 야생마는 미친 듯이 날뛰다가 피를 흘리며 서서히 죽어갑니다.

이 사실을 보면 다음과 같은 의문이 듭니다. 야생마가 어떻게 조그마한 박쥐한테 목숨을 잃을 수 있을까? 동물학자들은 일찍이 야생마가 죽는 모든 과정을 관찰해 다음과 같은 사실을 발견했습

니다. 야생마가 사망할 때 흡혈박쥐가 피를 빨아 먹는 행위가 끼치는 영향은 무시해도 좋을 정도로 거의 위협적이지 않습니다. 빨아 먹는 피의 양이 극히 적어서 야생마를 죽이기엔 턱없이 부족하기 때문입니다. 그렇다면 야생마를 죽음에 이르게 하는 궁극적 원인은 무엇일까요? 이미 눈치챘겠지만, 바로 야생마의 불같은 성질과 무리한 질주입니다.

흡혈박쥐가 피를 빨아 먹을 때 불편한 통증을 느낀 야생마는 흡혈박쥐가 몸의 피를 전부 빨아 먹을지 모른다는 불안감에 성질이 불같이 변합니다. 사실 말이 미쳐 날뛰는 것은 조금이라도 빨리 흡혈박쥐에게서 떨어지기를 바라서죠. 하지만 오히려 이런 이유 때문에 상황이 나빠집니다. 만약 야생마가 사태를 이성적으로 판단하거나 통증을 전혀 의식하지 않을 수 있다면, 조급함이 사라지고 또한 목숨을 잃지도 않을 것입니다.

야생마를 쓰러뜨린 원인이 아주 사소한 데서 비롯하듯, 한 개인을 좌절시키고 넘어뜨리는 것은 엄청난 사건이 아니라 아주 보잘것없는 일에서 시작됩니다. 대개 우리는 재앙이나 고난 등 좋지 않은 일을 만나면 몹시 불안해하고 고통스러워합니다. 그러나 고통의 크기는 재앙과 고난 그 자체에 있다기보다 그것을 대하는 사람의 마음에 달려 있습니다.

사소한 것에 목숨 걸면 안 됩니다. 좀 더 크고 높은 목표를 달성하기 위해서는 사소한 일은 되도록 그냥 넘기고 더욱 중요한 문제를 처리하는 데 온 힘을 다해야 합니다. 어떤 사람이라도 잘못을 저지르지 않을 수 없습니다. 나아가고자 하는 전체적인 방향이 옳다면 사소한 잘못 한둘쯤은 괜찮습니다. 물론 세세한 문제에 집착하지 않는 태도는 한순간에 거저 얻을 수 있는 게 아닙니다. 장시간에 걸친 자기반성과 성찰이 필요하죠. 그러나 그와 동시에 세부적인 사항을 완전히 무시할 수는 없습니다. 이것은 정도의 문제입니다. 세부적인 사항까지 중시한다면 우리는 완전함에 더욱 가까워지겠죠. 다만 세부적인 사항에 집착해 대세를 고려하지 않는다면 작은 것으로 말미암아 큰 것을 잃고, 이는 결과적으로 성공을 저해하는 요인이 될 것입니다.

진정한 친구란 무엇인가

인생은 만남의 연속이라 해도 과언이 아닙니다. 우리는 매일 다른 사람을 만나 관계 맺는 과정을 반복합니다. 반복된 만남 속에서 어떤 사람과 어떤 만남을 유지해나가는가 하는 문제는 참으로 중요합니다. 그리고 이런 만남 속에서 친구를 선택하고 그 관계를 유지해나가는 것은 특별히 더 중요하죠.

친구 가운데에는 고향이 같은 이가 있고, 같은 학교에 다닌 이도 있으며, 여행을 하다가 사귄 친구도 있습니다. 친구가 되는 데는 인연이 따릅니다. 인연이 있으면 아무리 멀리 떨어져 있어도 언젠가는 만나게 되지만, 인연이 없으면 얼굴을 마주하고서도 의식하지 못한 채 지나칩니다.

벗을 사귈 때 서로 겸손하게 자기를 낮추는 데 힘쓴다면 이익을
얻을 것이고, 서로가 (자기를) 높인다면 손해를 입을 것이다. −18
조목

양명에 따르면, 벗을 사귈 때는 서로가 자신에게 돌이켜 겸양
하는 데 힘써야지 서로를 경쟁 상대로 삼는다거나 무시하면 좋은
관계를 유지할 수 없습니다. 친구와 교제하는 도리의 본래 의미는
토론과 연구를 통해 서로 절차탁마하는 데 있습니다. 만약 서로를
무시하고 지지 않으려고 허세를 부린다면, 벗과 교제하는 본래 의
미는 빛을 잃습니다. 양명은 벗을 사귈 때 서로가 이익을 얻는 경
우와 손해를 보는 경우를 나누어 말하는데, 이에 대해서는《논어》
의 관련 부분을 참조할 만합니다.

《논어》〈계씨〉편에서 공자는 다음과 같이 말합니다. "유익한
벗이 셋 있고, 손해나는 벗이 셋 있다. 정직한 사람, 성실한 사람,
견문이 많은 사람을 벗하면 유익하다. 허세 부리는 사람, 자기 의
견 없이 그저 상대방 말에 동조하는 사람, 말만 잘하는 사람을 사
귀면 손해를 입는다."

공자가 말하는 세 가지 유익한 친구란 어떤 친구일까요? 첫
째, 정직한 사람입니다. 정직한 사람은 매우 책임감이 강해 그와
함께 있을 때는 어느 정도 부담을 느낄지도 모릅니다. 하지만 자

아 발전이라는 측면에서 보면, 친구 사이에도 약간의 부담을 느낄 때 도움이 됩니다. 예를 들어 만약 친구가 잘못을 저질렀다면 무조건 친구의 잘못을 감싸줄 게 아니라 허심탄회하게 잘못을 지적함으로써 친구를 좋은 방향으로 인도해야 합니다. 이런 친구는 거울과 같아서 자신의 성격이나 대인관계, 심지어 언어 표현상의 단점이 낱낱이 드러납니다. 그 결과 조그마한 잘못이라도 바로 고칠 수 있죠. 이런 친구가 인격적으로 우리를 더욱 성숙하게 만듭니다. 둘째, 성실한 사람입니다. 여기서 말하는 '성실하다'는 의미에는 '알아주다' '이해하다' '양해하다'라는 뜻이 있습니다. 친한 친구 사이라면 상대의 심정을 헤아리고 살펴서 상대가 하는 모든 행위를 다 이해한다는 의미입니다. 관중과 포숙아를 그 예로 들 수 있습니다. 포숙아는 관중이 여러 번 도리에 어긋나는 행위를 했는데도 관중이 처한 상황을 파악해 그의 행동을 이해했죠. 셋째, 견문이 많은 사람입니다. 내 주위에 많이 듣고 많이 배워 지식이 풍부한 친구가 있다면, 그를 통해 나의 견문을 넓히고 식견을 높일 수 있음은 물론입니다.

다음으로 세 가지 손해나는 벗에 대해 살펴보죠. 첫째, 허세를 부리는 사람입니다. 이런 사람은 내뱉는 말 한마디 한마디가 매우 시원시원합니다. 그래서 그와 같이 있을 때는 모든 문제가 단박에 해결될 듯 보입니다. 하지만 말한 대로 되는 경우는 거의 없죠. 둘째, 자기 의견은 없고 그저 상대방의 말에 동조하는 사람입니다. 이런 친구는 상대방의 비위를 맞추는 데만 신경을 써서 나에게 아무런 도움이 되지 않을 뿐만 아니라 오히려 나를 현실에 안주하게 만들지도 모릅니다. 셋째, 말은 번드르르하나 마음이 비뚤거나 아부를 잘하는 친구입니다. 말을 번드르르하게 잘하는 사람은 뛰어난 말재주로 사람을 즐겁게 하고 흥미를 끌기도 합니다. 하지만 알맹이가 없고, 겉보기에는 매우 학식이 높은 듯하지만 실제로는 전혀 그렇지 않습니다. 이런 친구는 나를 나쁜 길로 인도할 우려가 크죠.

벗과의 사귐에 대한 내용을 다루고 있는 《명심보감》〈교우〉편에서 공자는 "선한 사람과 함께 있으면 지초芝草와 난초蘭草가 있는 방으로 들어가는 것과 같아서 오래되면 향기를 맡지 못하니, 그 향기에 동화되기 때문이다. 선하지 못한 사람과 함께 있으면 마치 생선가게에 들어간 것과 같아서 오래되면 그 악취를 맡지 못하니, 또한 그 냄새에 동화되기 때문이다. 그러므로 군자는 반드시 함께 있는 자를 삼가야 한다"라고 했습니다.

인생을 살아갈 때 어떤 친구를 가까이하느냐는 매우 중요한 일입니다. 이익이 되는 친구를 가까이하면 마치 난초 향기 가득한 방에 있는 것과 마찬가지여서 자신도 모르는 사이에 그 향기에 취하게 될 것입니다. 반면에 해를 끼치는 친구를 가까이한다면 마치 썩은 생선을 가득 쌓아둔 공간에 있는 것과 같이 비린내가 온몸에 스며들 것입니다.

그런데 유익한 벗과 해로운 벗을 분별할 때 잊지 말아야 할 한 가지가 있습니다. 상대방이 유익한 벗인가 해로운 벗인가를 따지기 전에 나 자신은 어떤 사람인지 스스로에게 질문을 던져보는 것입니다. 자신은 상대방을 충분히 사랑한다고 생각하는데도 상대방이 몰라주고 관심을 표현하지 않는다면 먼저 그 사람을 대하는 자신의 태도에 혹시라도 최선을 다하지 않은 부분이 있는지 살펴보아야 합니다. 또한 자신은 예를 갖추어 대했는데도 상대방이 예로써 화답하지 않는다면, 자신의 마음에 그 사람을 존경하는 마음이 충분하지 못했는지, 아니면 자기도 모르는 사이에 가식적인 태도로 대하지 않았는지 반성해야 합니다. 자신이 유익한 벗과 사귀고 싶다면 우선 자기 자신이 유익한 벗으로서의 자격을 갖추어 다른 사람이 나와 사귀길 원하게 만들어야 합니다. 이것이야말로 양 명이 벗을 사귀는 도리를 말하고 있는 진정한 의도일 겁니다.

인생의 큰 병통은 무엇인가

오만하다는 것은 '말투나 행동이 거칠고 속되다' '어리석고 사리에 어둡다' '스스로를 대단하게 여긴다'는 의미입니다. 누구에게나 한두 가지 단점이 없을 수 없지만, 이런 단점 가운데 다른 사람에게 가장 큰 상처를 주는 것 가운데 하나가 오만함입니다. 오만하다는 것은 부정적인 인생 태도입니다. 오만한 사람은 다른 사람은 전혀 안중에 없고, 세상에서 자기만 잘났다고 뽐냅니다. 군중 심리에 영합해 환심을 사고, 안하무인으로 방자하게 행동합니다. 이런 이유로 양명은 인생에서 가장 큰 병통으로 오만함을 꼽는 것을 주저하지 않았습니다.

사람이 사는 데 있어 커다란 병통은 오직 '오만(傲)'이라는 한 글자다. —339조목

《성경》에서도 탐식, 탐욕, 나태, 음란, 시기, 분노와 함께 오만함을 7가지 죄악의 하나로 꼽습니다. 오만하면 타인과 조화로운 관계를 맺을 수 없습니다. 스스로 남보다 잘났다고 여기면 자신만 옳다고 생각하기 쉽습니다. 그 결과 곧 오만해집니다. 아들 된 입장에서 오만하면 반드시 불효하고, 신하 된 입장에서 오만하면 반드시 불충하며, 어버이 된 입장에서 오만하면 반드시 자애롭지 못하며, 친구 사이에 오만하면 반드시 믿음직스럽지 못하게 됩니다.

하늘 위에 하늘이 있고, 사람 위에 사람이 있는 법입니다. 하늘은 자신이 가장 높다고 생각할지 모르지만 하늘 위에는 또 다른 하늘이 있을 수 있습니다. 자신이 세상에서 가장 능력이 뛰어나다고 생각하는 사람이 적지 않지만, 세상에는 항상 자신보다 능력이 뛰어난 고수가 있기 마련이죠. 그러므로 무슨 일을 하든, 어떤 사람을 대하든, 반드시 겸손한 자세로 임해야 합니다.

오만함을 극복하려면 먼저 자기중심적으로 생각하지 않아야 합니다. 자기중심적으로 생각하지 않으면 겸손해지고, 겸손하면 타인과의 관계가 조화로워지죠. 인생의 길 또한 넓어집니다. 자신

도 모르는 사이에 친구가 많아지고, 다양한 인생의 즐거움으로 충만해지며, 궁극적으로는 성인의 경지에 다다를 수 있습니다.

친구 사이의 도리란 무엇인가

일찍이 공자는 다음과 같이 말했습니다. "홀로 배우고 물어볼 벗이 없다면 학식이 고루하고 견문이 적어진다." 이는 《예기》〈학기〉에 실린 글로, 친구란 자신이 외부세계를 이해해나가는 교량역할을 하는 동시에 부단히 자기 자신을 완성해나가는 표준이 된다는 뜻이죠. 세상을 살아가는 한 어느 누구를 막론하고 친구가 없을 수 없습니다. 그러나 모든 사람이 친구 사이에 지켜야 할 도리를 알고 행하는 것은 아닙니다. 그렇다면 친구 사이에 지켜야할 도리는 무엇일까요?

대체로 친구 사이에는 훈계하고 지적하는 것은 적어야 하고, 권유해 돕고 장려하는 뜻은 많아야 좋다. 친구들과 학문을 논할때는 반드시 자상하고 겸손해야 하며, 너그러운 마음을 지녀야한다. ―214조목

친구 사이에는 악을 경계하고 선을 권고하는 것이 일반적인 도리입니다. 양명에 따르면, 친구 사이에는 상대방의 잘못된 점을

훈계하고 지적해 인위적으로 고치려 들기보다는 잘못을 고치겠다는 의지를 자연스럽게 발휘하도록 이끄는 것이 바람직합니다. 또한 친구와 학문을 탐구할 때는 반드시 자상하고 겸손해야 하며, 너그러운 마음을 지녀야 합니다. 다만 친구를 존중하고 서로를 너그럽게 받아들일 때 비로소 우정이 오래 유지될 수 있습니다.

《사기》〈염파인상여열전〉에는 염파와 인상여에 관한 이야기가 실려 있습니다. 조나라 염파 장군은 뛰어난 무장이었고, 인상여는 지략이 뛰어난 재상이었습니다. 인상여는 외교력을 발휘해 진나라의 위협으로부터 조국인 조나라를 구합니다. 조나라 왕이 인상여의 공로를 크게 치하하고 상경으로 삼으니, 그의 지위가 염파보다 높아지게 되었습니다. 이를 시기한 염파가 투덜대며 말합니다. "나는 조나라 장군이 되어 성을 공격하고 전투에서 큰 공을 세웠다. 그런데 인상여는 그저 입만 움직이면서도 지위는 나보다 높다. 거기다 태생이 비천한 자다. 나는 그의 밑에 있는 것이 부끄럽다." 그리고 스스로에게 다짐합니다. "내가 상여를 만나면 반드시 모욕을 주리라."

상여는 그 말을 듣고 염파와 마주치지 않으려 노력했습니다. 조정에서 조회를 할 때마다 병을 핑계로 염파와 자리를 다투지 않았죠. 외출할 때도 멀리 염파가 보이면 수레를 끌어 숨어버렸습니다. 보다 못한 하인들이 불만 섞인 목소리로 말합니다. "염파가 나리에 관해 나쁜 말을 퍼뜨리고 다니는데도 그가 두려워 피하며 지나치게 겁을 내십니다. 이는 평범한 사람도 부끄러워하는 일인

데, 하물며 대신의 지위에서는 어떻겠습니까? 못난 저희는 이만 물러날까 합니다." 인상여는 그들을 완강하게 말리며 말했습니다. "그대들은 염 장군과 진나라 왕 가운데 누가 더 무서운가?" 그러자 하인이 대답했습니다. "염 장군이 진나라 왕에 미치지 못합니다." 상여가 말했습니다. "나는 진나라 왕의 위세가 아무리 대단하다 해도 조정에서 진왕을 질책하고 신하들을 부끄럽게 만들었다. 내가 아무리 어리석기로 염 장군을 겁내겠는가? 생각해보면 강국인 진이 감히 조나라를 공격해 오지 않는 것은 단지 우리 두 사람이 있기 때문이다. 만일 지금 두 마리 호랑이가 어울려서 싸우면 쌍방 모두 살아남지 못할 것이다. 내가 염파를 피하는 까닭은 나라의 위급함을 먼저 생각하고 사사로운 원망을 뒤로하기 때문이다." 이 말을 전해 들은 염파는 자신의 행동을 뉘우쳤습니다. 곧장 웃옷을 벗고 가시나무 채찍을 등에 지고 인상여의 집 문 앞에 이르러 사죄하며 말했습니다. "비천한 저는 상경께서 이토록 너그러우신 줄 몰랐습니다." 이리해 두 사람은 서로 화해하고 상대방을 위해서는 죽음도 아까워하지 않을 정도로 친한 사이가 되었습니다. 이 고사를 가리켜 염파부형廉頗負荊이라 합니다.

만약 인상여와 염파가 상대방을 너그럽게 받아들이고 용서하는 마음이 없었더라면, 개인적으로나 국가적으로 매우 불행한 결과를 초래하고 말았을 테죠. 너그럽게 받아들이는 마음이 다름 아닌 관용입니다. 관용이란 사람과 사람 사이의 관계에서 발생하는 모순과 오해를 제거하는 좋은 약과 같습니다. 형체가 없는 불과 같아서 마음속에 간직한 원한이나 증오심을 녹여버리며, 적대 관계를 우호 관계로 전환시킬 수도 있습니다. 누구에게나 단점이 있다는 사실을 명심해야 합니다. 누구나 잘못을 저지를 수 있고, 또 그런 게 극히 정상입니다. 때로는 부주의해서 일을 경솔하게 처리하기도 하죠. 그러므로 상대의 결점이나 잘못을 책망하기보다는 이해하려 노력하는 관용을 발휘하는 편이 바람직합니다.

자신에게 돌이켜라

사람은 항상 실수를 달고 살죠. 그럴 때 대부분은 자기 자신에게서 원인을 찾기보다는 다른 사람에게 책임을 돌리곤 합니다. 하지만 사람은 또한 실수를 통해 끊임없이 자기 자신을 발전시키는 존재입니다. 그러므로 어떤 잘못을 저질렀다면 용감하게 인정하고 자신에게서 문제를 찾을 줄 알아야 합니다. 이런 과정을 거친다면 더욱 단단한 존재로 거듭날 수 있죠.

마쓰시타 고노스케는 일본에서 '경영의 신'으로 추앙받습니다. 일찍이 마쓰시타 가전제품공사를 창립하고, 내셔널, 파나소닉 등 세계적인 브랜드를 키워냈죠. 마쓰시타를 성공으로 이끈 철학은 한두 개가 아니지만, 그중 가장 주목받는 것은 바로 기업경영을 단순한 돈벌이가 아닌 모두의 행복에 기여하는 일이라고 정의하는 점입니다. 또한 마쓰시타는 회사에 어떤 문제가 생기면 항상 자기 자신에게서 그 원인을 찾았다고 합니다.

　한번은 어떤 공장에서 공장장이 자리를 비운 사이 화재가 일어나 공장 건물을 모두 태우고 말았습니다. 조사 결과 공장장이 그날 어머니의 병환으로 조퇴를 신청하고 병원에 갔기 때문에 화재가 발생한 그 시각에 공교롭게도 현장에 없었다는 사실이 밝혀졌습니다. 공장장은 회사에 커다란 손실을 입힌 데 자책감을 느끼며, 어쩔 수 없이 자신은 해고될 것이라 생각했죠. 나중에 공장장은 전전긍긍하며 마쓰시타를 찾아갔는데, 그때 생각지도 못했던 의외의 말을 들었습니다. 마쓰시타는 그를 혼내기는커녕 오히려 미안한 표정을 지으며 이렇게 말했습니다. "당신 어머니가 편찮으시다는데 저는 전혀 몰랐습니다. 사정을 일찍 알아서 어머니를 잘 간호할 수 있게 배려해야 했는데, 그러지 못해 미안합니다." 말을 마친 마쓰시타는 그를 해고하는 대신 다른 공장에 배치했고, 뜻밖의 조치에 감명을 받은 공장장은 그날 이후 이전보다도 더욱 열심히 회사 일에 매진했습니다.

　학문은 반드시 자기에게 돌이켜야 한다. ―245조목

　반구저기反求諸己는 '잘못을 자신에게서 찾는다'는 뜻으로, 어떤 일이 잘못되었을 때 남 탓 하지 않고 잘못의 원인을 자기 자신에게서 찾아 고쳐나간다는 의미를 담고 있습니다. 공자는 "군자는 허물을 자신에게서 구하고, 소인은 허물을 남에게서 구한다"고 했으며, 맹자 또한 "행하여도 얻지 못하거든 자기 자신에게서 잘못을 구하라" 하고 요구합니다.

처세술은 사람과의 관계 맺음 속에서 결코 무시할 수 없는 중요한 요소입니다. 특히 조직 내에서 상급자로서 하급자를 대할 때, 하급자의 잘못을 보고 그냥 넘어가기란 쉽지 않습니다. 이런 이유에서 대부분의 상급자는 하급자의 잘못을 하나하나 열거하며 꾸짖곤 합니다. 하지만 이와 반대로 먼저 자기 자신에게서 문제를 찾으려는 자세를 보인다면 어떨까요. 하급자는 진심으로 자신의 잘못을 깨달아 뉘우칠 뿐만 아니라 상급자의 배려와 인격에 감동해 업무에 더욱 최선을 다할 것입니다. 잘못의 원인을 자기 자신에게서 찾는 것은 일종의 지혜입니다. 적대 관계마저 우호 관계로 바꾸어 성공과 화해의 길로 이끄는 최고의 지름길이죠.

성실함이란 무엇인가

양명이 보기에 사람과 사람 사이의 관계에서 무엇보다 중요한 것은 성실함입니다. 성誠은 본래 마음 본체의 실질적 내용이자 마음을 본래 모습대로 가꾸는 공부입니다. 이렇듯 성은 본체와 공부라는 두 가지 측면을 함유합니다. 양명은 이를 성誠과 사성思誠으로 설명합니다.

'성誠' 자는 공부로 말하는 것이 있다. 성은 마음의 본체이다. 그 본체의 회복을 추구하는 것이 바로 성실함을 생각하는思誠 공부이다. −121조목

마음의 본체로서의 성은 본래 지극히 선하고 성실하지만, 인욕이나 물욕 등 후천적 요소로 인해 본모습이 가려집니다. 그러므로 공부를 통해 본체의 본래 모습을 회복할 필요가 있습니다. 이런 노력이 바로 '성실함을 생각'하는 공부입니다.

《대학》에서는 "마음을 바르게 하려면 먼저 그 뜻을 성실하게 해야 한다"고 했습니다. 사람이 성실하다는 것은 자신에게 주어진 상황에서 자신이 가장 좋고 옳다고 생각하는 일에 힘씀을 말합니다. 그러기 위해서는 먼저 무엇이 옳고 그른지, 무엇이 선하고 악한지를 알아야 합니다. 성실해지려고 노력하는 자는 이와 같이 최선의 방법을 선택해 올곧게 실천해야 합니다. 이런 노력은 자기 인격 향상에 도움이 될 뿐 아니라 상대방을 감동시켜 상호 신뢰감을 만들어냅니다.

성실함은 모든 행위의 근본입니다. 사람을 대할 때는 성실함, 즉 신의를 중시해야 하죠. 우리는 늑대가 나타났다고 외치던 동화 속 소년의 이야기를 너무나 잘 알고 있습니다. 장난으로 거짓말을 반복하다 보니 정말 늑대가 나타났다고 외쳤을 때는 다른 사람들에게 외면당하고 말았죠. 우리가 가장 두려워해야 할 것은 실패가 아니라 양치기 소년처럼 자기 자신 또는 다른 사람에게 거짓과 기

사람과 사람 사이의 관계에서 무엇보다 중요한 것은 성실함이다.

만으로 일관하는 태도입니다.

사마천은 《사기》〈유협열전〉에서 "말은 신용이 있어야 하고, 행동은 결과가 있어야 하며, 약속은 반드시 지켜야 한다"고 했습니다. 성실함은 과거나 현재나 사람들이 사회적 관계를 유지해나갈 때 반드시 필요한 처세의 근본입니다. 성실함은 인생이라는 도로를 지나갈 수 있는 통행증과도 같습니다. 성실함이 없다면 당연히 도로는 막히고, 그 결과 나 자신뿐만 아니라 다른 사람도 피해를 받습니다.

당장 경제가 돌아가는 상황만 봐도 그렇습니다. 사회 지도층의 부적절한 행위와 대기업의 부정과 비리 등 우리 사회에서 잊을 만하면 터지는 사건 사고의 대부분은 성실하지 않은 데서 비롯됩니다. 정당하지 않은 방법으로 눈앞의 이익을 취하고 싶은 유혹은 많은 사람에게 적지 않은 박탈감을 안겨줍니다. 요즘은 많은 회사가 기업의 사회적 책임을 부르짖습니다. 이것이 요란한 구호로만 그쳐서는 안 될 일입니다. 성실하게 신뢰를 지켜나가는 것을 본분으로 생각하고, 정당하지 않은 이익을 탐하다 신의를 저버리는 일을 부끄럽게 여겨야 합니다. 그래야 기업도 소비자의 신뢰와 지지를 얻어 지속적으로 발전해나갈 수 있을 것입니다.

사소한 부분이 성패를 좌우한다

양명은 사소한 일을 잘 처리해야만 큰일을 성취할 수 있음을 강조합니다. 인생의 성패는 커다란 차이가 아니라 아주 사소한 부분에서 비롯됩니다. 천 리에 달하는 큰 제방도 개미구멍 하나로 무너지고, 단순한 나비의 날갯짓이 지구 저편에서는 태풍으로 다가올수도 있죠. 조그마한 일이라고 무시하고 소홀히 여긴다면 그것이원인이 되어 커다란 문제를 야기할 수 있다는 뜻입니다.

> 생각건대 마음의 본체는 본래 광대하지만, 사람이 정미함을 다하지 못하면 곧 사욕에 가려져서 작은 것조차 이기지 못하게 된다. −324조목

대부분의 사람은 크고 멋진 일에만 관심을 가집니다. 눈앞의사소한 일, 매일의 일상처럼 간단해 보이는 일에는 성실히 임하려는 마음조차 먹지 않습니다. 그러나 털끝만 한 차이가 나중에는천 리나 되는 차이를 만들어낸다고 했습니다. 그러므로 사소한 부분을 정확하게 인식하고 이해할 필요가 있습니다. 시계에서 작은부품 하나가 빠져도 시계는 제대로 작동하지 않고, 로켓에서 나사못 하나가 빠져도 엄청난 개발 비용이 들어간 발사에 실패하고 맙니다. 그러니 아무리 사소한 일이라도 성실하고 세심하게 처리하려고 노력해야 하죠. 그리고 이런 습관 역시 부단한 노력을 통해

길러지지, 어느 날 갑자기 생기는 것이 아닙니다. 한 발을 내딛지 않으면 천 리에 다다를 수 없고, 실개천이 모이지 않으면 강과 바다를 이룰 수 없습니다. 천 리 길도 한 걸음부터입니다. 하나하나의 일을 착실하고 주도면밀하게 처리하는 과정을 통해 마침내 양에서 질에 이르는 근본적인 변화를 만들어낼 수 있습니다.

지나치게 신중해 기회를 잃어서는 안 된다

양명은 사람이 너무 지나치게 조심스러우면 그로 인해 반드시 폐단이 생기게 된다고 보았습니다.

> 사람이 만약 억제해 조심하는 것矜持이 너무 지나치면 마침내 폐단이 생기게 된다. —232조목

긍지矜持의 사전적 의미는 자신의 능력을 믿음으로써 품는 당당함입니다. 하지만 여기에서 말하는 긍지는 용모나 태도가 지나치게 신중해, 어딘지 모르게 행동거지가 어색하고 부자연스러운 모습을 뜻합니다.

적지 않은 사람들이 회의나 강연회 등 공개적인 장소에서 말할 때 생각대로 말이 매끄럽게 나오지 않아 곤란을 겪습니다. 이런 것은 지나치게 신중하려는 데서 나오는 실수입니다. 자기 스스

로를 보잘것없는 사람이라고 평가한다면 사회적으로 잘나가는 사람을 만났을 때 긴장하게 마련입니다. 이 또한 지나치게 신중하려는 데서 나오는 부작용이라고 할 수 있죠. 결론적으로 말하자면, 신중함이란 바로 자기 자신을 드러내는 데 익숙하지 않아, '내가 이렇게 하면 너무 떠벌리는 게 아닐까?' '내가 이렇게 하면 다른 사람의 미움을 사는 것 아닐까?' 하고 너무 많이 고민하는 경우를 가리킵니다.

이런 사람은 대체적으로 어떤 일을 정면으로 돌파해 해결하기보다는 먼저 회피하려 합니다. 너무 신중한 나머지 아무것도 말하려 들지 않고 아무것도 하려 들지 않으며, 그저 맹목적으로 신중을 기하고, 이편이 가장 안전하다고 생각하죠. 이런 이유로 좋은 기회를 아쉽게 놓치는 경우가 적지 않습니다.

기회라는 것은 아무 때나 누구에게나 찾아오는 게 아닙니다. 꼭 자기 자신을 드러내야 할 때는 과감하다 싶을 정도로 용기를 내 어렵게 찾아온 기회를 쟁취해야 합니다. 간단하게 초등학교의 반장 선거를 예로 들어보죠. 아마 누구나 한 번쯤 분명히 반장이 되고 싶은 생각이 있는데 자신 있게 나서지 못한 경험이 있을 겁니다. 선생님이나 다른 친구가 자기 이름을 불러주기만 기다리다 스스로 자기를 추천한 친구에게 반장 자리를 빼앗겼을지도 모릅니다. 우리는 누구 하나 예외 없이 모두 자신의 인생에 기회가 찾아오기를 바랍니다. 기회를 잘 이용하면 적은 노력으로도 큰 성과를 거둘 수 있기 때문입니다. 그럼에도 불구하고 적지 않은 사람이 지나치게 신중한 태도를 취해 어렵사리 찾아온 기회를 차버리곤 합니다.

적절하게 신중할 필요가 있습니다. 어느 하나를 내려놓아야 비로소 다른 하나를 얻을 수 있습니다. 인생 자체가 그렇습니다. 지나친 신중함을 내려놓는다면 처세 방법이 더욱 다양해집니다. 기회가 눈앞에 다가왔을 때 그 기회를 놓치지 말고 주동적으로 쟁취할 수 있어야 합니다. 그러지 않고 나중에 후회한들 이미 때는 늦습니다. 기회가 찾아왔을 때 적극적이고 주동적으로 쟁취해야 인생의 전기轉機가 마련될 수 있습니다. 주체적인 삶을 살 것, 이것이 양명의 당부이자 우리에게 주어진 사명일 겁니다.

제1장 ───────────────────────

144조목   大抵吾人爲學緊要大頭腦, 只是立志.

16조목   只念念要存天理, 即是立志. 能不忘乎此, 久則自然
心中凝聚.

95조목   持志如心痛, 一心在痛上, 安有工夫說閒話管閒事?

102조목   爲學須得箇頭腦, 工夫方有着落.

115조목   種樹者必培其根, 種德者必養其心.

103조목   以親之故而業擧, 爲累於學, 則治田以養其親者, 亦
有累於學乎? 先正云 "惟患奪志". 但恐爲學之志
不眞切耳.

6조목   事天雖與天爲二, 已自見得箇天在面前. 俟命便是未
曾見面, 在此等候相似, 此便是初學立心之始, 有箇
困勉的意在.

99조목　人皆可以爲堯舜.

99조목　聖人之所以爲聖, 只是其心純乎天理, 而無人欲之
　　　　雜, 猶精金之所以爲精, 但以其成色足, 而無銅鉛之
　　　　雜也.

21조목　聖人之心如明鏡, 只是一箇明, 則隨感而應, 無物不
　　　　照. 未有已往之形尚在, 未照之形先具者.

313조목　滿街人都是聖人.

207조목　人胸中各有個聖人, 只自信不及, 都自埋倒了.

99조목　吾輩用功, 只求日減不求日增. 減得一分人欲, 便是
　　　　復得一分天理. 何等輕快脫洒! 何等簡易!

77조목　顔子沒而聖學亡.

제3장

173조목 　 夫學貴得之心.

7조목 　 格物如《孟子》 "大人格君心" 之格, 是去其心之
不正, 以全其本體之正.

135조목 　 若鄙人所謂致知格物者, 致吾心之良知於事事物物
也. 吾心之良知, 卽所謂天理也. 致吾心良知之天理
於事事物物, 則事事物物皆得其理矣. 致吾心之良知
者, 致知也. 事事物物皆得其理者, 格物也. 是合心與
理而爲一者也.

제4장

201조목 　 無心則無身, 無身則無心.

322조목 　 心不是一塊血肉, 凡知覺處便是心, 如耳目之知視
聽, 手足之知痛癢, 此知覺便是心也.

321조목 　 我如今說箇心卽是理如何? 只爲世人分心與理爲二,
故便有許多病痛.

3조목 　心卽理也. 天下又有心外之事, 心外之理乎?

275조목 　知此花不在你的心外.

2조목 　於事事物物上求至善, 卻是義外也. 至善是心之本
　　　　體, 只是明明德到至精至一處便是. 然亦未嘗離卻事
　　　　物.

제5장 ━━━━━━━━━━━━━━━━━━━━━━━━

5조목 　某今說箇知行合一, 正是對病的藥.

114조목 　顏子不遷怒, 不貳過, 亦是有未發之中始能.

132조목 　知行之爲合一竝進.

320조목 　良知自知, 原是容易的. 只是不能致那良知, 便是知
　　　　之匪艱, 行之惟艱.

58조목 　喜怒哀樂本體, 自是中和的. 纔自家着些意思, 便過
　　　　不及, 便是私.

8조목 知是心之本體, 心自然會知. 見父自然知孝, 見兄自然知弟, 見孺子入井自然知惻隱, 此便是良知, 不假外求.

71조목 善念發而知之, 而充之; 惡念發而知之, 而遏之. 知與充與遏者, 志也, 天聰明也. 聖人只有此, 學者當存此.

93조목 有根方生, 無根便死.

317조목 所謂 "人雖不知, 而己所獨知" 者, 此正是吾心良知處.

288조목 良知只是箇是非之心, 是非只是箇好惡. 只好惡就盡了是非……是非兩字, 是箇大規矩, 巧處則存乎其人.

282조목 無知無不知, 本體原是如此.

169조목 蓋思之是非邪正, 良知無有不自知者.

152조목 心之本體無起無不起…若謂良知亦有起處, 則是有

時而不在也, 非其本體之謂矣.

34조목 　或曰: 人皆有是心, 心卽理, 何以有爲善, 有爲不善?
先生曰: 惡人之心, 失其本體.

제7장 ━━━━━━━━━━━━━━━━━━━

168조목 　蓋日用之間, 見聞酬酢, 雖千頭萬緖, 莫非良知之發
用流行, 除卻見聞酬酢, 亦無良知可致矣.

136조목 　人之心體, 本無不明, 而氣拘物蔽, 鮮有不昏……今
必曰窮天下之理, 而不知反求諸其心, 則凡所謂善惡
之機, 眞妄之辨者, 舍吾心之良知, 亦將何所致其體
察乎?

107조목 　後儒不明聖學, 不知就自己心地良知良能上, 體認擴
充, 卻去求知其所不知, 求能其所不能. 一味只是希
高慕大, 不知自己是桀紂心地, 動輒要做堯舜事業,
如何做得?

211조목 　可知是體來與聽講不同. 我初與講時, 知爾只是忽
易, 未有滋味. 只這個要妙, 再體到深處, 日見不同,

是無窮盡的.

136조목 夫學問思辨篤行之功, 雖其困勉, 至於人一己百, 而
擴充之極, 至於盡性知天, 亦不過致吾心之良知而
已.

222조목 人心是天淵. 心之本體無所不該, 原是一個天. 只爲
私欲障礙, 則天之本體失了. 心之理無窮盡, 原是一
個淵. 只爲私欲窒塞, 則淵之本體失了. 如今念念致
良知, 將此障礙窒塞一齊去盡, 則本體已復, 便是天
淵了.

65조목 人若眞實切己用功不已, 則於此心天理之精微, 日見
一日, 私欲之細微, 亦日見一日. 若不用克己工夫, 終
日只是說話而已, 天理終不自見, 私欲亦終不自見.

238조목 汝只要在良知上用功.

225조목 我輩致知, 只是各隨分限所及. 今日良知見在如此,
只隨今日所知擴充到底; 明日良知又有開悟, 便從明
日所知擴充到底.

333조목 　你萌時這一知處, 便是你的命根. 當下卽去消磨, 便
　　　　是立命功夫.

제8장 ━━━━━━━━━━━━━━━━━━━━━━━━━

23조목 　人須在事上磨, 方立得住.

25조목 　問: "惟精惟一, 是如何用功?" 先生曰: "惟一是
　　　　惟精主意, 惟精是惟一工夫, 非惟精之外, 復有惟一
　　　　也."

125조목 　啞子喫苦瓜, 與你說不得, 你要知此苦, 還須你自喫.

215조목 　九川臥病虔州, 先生云: 病物亦難格, 覺得如何? 對
　　　　曰: 功夫甚難. 先生曰: 常快活便是功夫.

340조목 　若欲的見良知, 卻誰能見得?

243조목 　不可以我前日用得功夫了, 今却不濟, 便要矯强, 做
　　　　出一個沒破綻的模樣. 這便是助長, 連前些子功夫都
　　　　壞了. 此非小過. 譬如行路的人, 遭一蹶跌, 起來便走,
　　　　不要欺人做那不曾跌倒的樣子出來.

306

220조목 凡飮食只是要養我身, 食了要消化. 若徒蓄積在肚
裏, 便成痞了, 如何長得肌膚?

제9장 ━━━━━━━━━━━━━━━━━━━━━━

336조목 我的靈明, 便是天地鬼神的主宰.

171조목 蓋良知之在人心, 亘萬古, 塞宇宙, 而無不同.

89조목 仁者以天地萬物爲一體. 使有一物失所, 便是吾仁有
未盡處.

179조목 世之君子惟務致其良知, 則自能公是非, 同好惡, 視
人猶己, 視國猶家, 而以天地萬物爲一體, 求天下無
治, 不可得矣.

제10장 ━━━━━━━━━━━━━━━━━━━━━━

193조목 所謂'尊德性而道問學'一節, 至當歸一, 更無可疑

68조목 與其爲數頃無源之塘水, 不若爲數尺有源之井水, 生
意不窮.

6조목　子夏篤信聖人, 曾子反求諸己. 篤信固亦是, 然不如
　　　　反求之切. 今旣不得於心, 安可狃於舊聞, 不求是當?

176조목　今世學術之弊, 其謂之學仁而過者乎, 謂之學義而過
　　　　者乎, 抑謂之學不仁不義而過者乎? 吾不知其於洪
　　　　水猛獸何如也.

64조목　諸公近見時少疑問, 何也? 人不用功, 莫不自以爲已
　　　　知爲學, 只循而行之是矣.

122조목　有爲己之心, 方能克己.

105조목　爲學大病在好名.

30조목　爲學須有本原, 須從本原上用力, 漸漸盈科而進.

341조목　此道本無窮盡, 問難愈多, 則精微愈顯. 聖人之言, 本
　　　　自周遍, 但有問難的人, 胸中窒礙, 聖人被他一難, 發
　　　　揮得愈加精神.

298조목　學問也要點化, 但不如自家解化者, 自一了百當. 不
　　　　然, 亦點化許多不得.

252조목　若徒要記得, 便不曉得; 若徒要曉得, 便明不得自家
的本體.

109조목　問: 上智下愚, 如何不可移? 先生曰: 不是不可移, 只
是不肯移.

257조목　聖人教人, 不是個束縛他通做一般……人之才氣如
何同得?

39조목　教人爲學, 不可執一偏.

제11장

326조목　問: 聲色貨利, 恐良知亦不能無. 先生曰: 固然. 但初
學用功, 卻須掃除蕩滌, 勿使留積, 則適然來遇, 始不
爲累, 自然順而應之.

170조목　凡學問之功, 一則誠, 二則僞. 凡此皆是致良知之意,
欠誠一眞切之故.

225조목　我輩致知, 只是各隨分限所及.

84조목   天理人欲, 其精微必時時用力省察克治, 方日漸有
見……今只管講天理來, 頓放著不循, 講人欲來, 頓
放著不去, 豈格物致知之學?

106조목   侃多悔. 先生曰: 悔悟是去病之藥. 然以改之爲貴. 若
留滯於中, 則又因藥發病.

29조목   三子所謂汝器也, 曾點便有不器意.

139조목   吾子未暇良知之致, 而汲汲焉顧是之憂, 此正求其難
於明白者以爲學之弊也.

18조목   處朋友, 務相下則得益, 相上則損.

339조목   人生大病, 只是一傲字.

214조목   大凡朋友, 須箴規指摘處少, 誘掖獎勵意多, 方是. 與
朋友論學, 須委曲謙下, 寬以居之.

245조목   學須反己.

121조목   誠字有以工夫說者. 誠是心之本體, 求復其本體, 便

310

是思誠的工夫.

324조목　蓋心之本體自是廣大底, 人不能盡精微, 則便爲私欲
所蔽, 有不勝其小者矣.

232조목　人若矜持太過, 終是有弊.

주체적으로 산다

초판 1쇄 발행 2019년 11월 15일

지은이 임홍태
펴낸이 정홍재
디자인 책과이음 디자인랩

펴낸곳 책과이음
출판등록 2018년 1월 11일 제395-2018-000010호
주소 (10881) 경기도 고양시 덕양구 용현로 10, 501-203
대표전화 0505-099-0411 **팩스** 0505-099-0826
이메일 bookconnector@naver.com

ⓒ임홍태, 2019

ISBN 979-11-90365-00-0 94100

책과이음 • 책과 사람을 잇습니다!
Facebook • Blog / bookconnector

이 도서는 한국출판문화산업진흥원의 '2019년 출판콘텐츠 창작 지원 사업'의 일환으로
국민체육진흥기금을 지원받아 제작되었습니다.

이 도서의 국립중앙도서관 출판예정도서목록(CIP)은 서지정보유통지원시스템 홈페이지
(http://seoji.nl.go.kr)와 국가자료공동목록시스템(http://www.nl.go.kr/kolisnet)에서
이용하실 수 있습니다.(CIP제어번호: CIP2019042090)